華志文化

華志文化

喚醒的力量

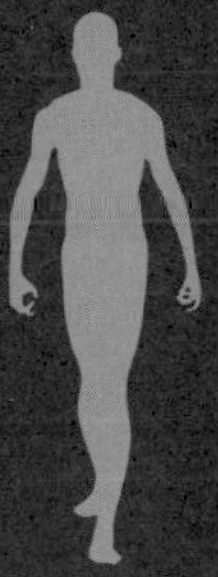

人類不能被浮華的表象蒙蔽心靈的智慧

The master in mountain cave

（美）克里斯汀・拉爾森
（Christian Larsson）◎原著

心理大師隱居山洞的曠世作
思索生命真相震撼人心創作
蕭條中能重獲信心的黃金書

心靈
暢銷書

人類自身的能力遠大於表面力量

經濟危機的本質是信心危機，比經濟危機更可怕的還是人們內心的大恐慌。當金融危機烏雲密佈時，不要忘記，人類最偉大的動力是夢想和堅持的力量。

二〇〇八年，美國遭遇經濟大蕭條以來最大的金融危機，一位神秘的老人在華爾街上銷售本書，讓本書再次成為一個神秘傳奇。你如果要改變你的人生，獲得偉大的成就，他的作品絕不可錯過。

關於本書

在我生命即將走向回歸之前，我要寫上這些文字來警戒後人：「任何時候我們都不能被浮華的表象蒙蔽心靈的智慧！」

我要真誠地向你推薦克里斯汀・拉爾森—這個必將成為眾多人們追隨的新思考精神領袖。你如果要改變你的人生，獲得偉大的成就，他的作品你不可錯過。這是我對你們的真誠推薦，以此來減輕我多年來沉溺於悔恨之中的煎熬！

序言／喚醒的力量：人類不能被浮華的表象蒙蔽心靈的智慧

「人的能力是無窮無盡的，當我們學會運用這無限的能力時，我們還有什麼做不到的呢？」

這是一位詩人發出的豪言壯語。我們知道，詩歌的創作常常是由超越人類先驗主義的想像力所激發出來的，因此總會看到明顯的誇張的影子。然而，這詩一般的語言中，卻蘊含著我們乍看起來所無法想像的真理，這種真理更真實、更切合實際。

人的能力究竟有多大？沒有人知道。然而，毫無疑問，即使是人類活動最敏銳的觀察家對人的能力也無法計算。而且，這些能力中的大部分是極其驚人的，至少可以這樣說，人的一些能力是如此的驚人，它可以使一個人變得力大無窮，無所不能。或許我們都很想知道，如果我們學會運用這些力量，我們將會變成什麼樣子呢？

縱觀人類的本性，我們並沒有發現人類在力量和價值上與過去相比有任何大的改觀。由此，我們推斷出，這個星球上的芸芸眾生將一如既往地保持著這種平凡的狀態，直到地球消失的那一天。但是，當我們調查一下這些人的生活，看到他們正努力變得聰明，開始發掘他們身上更大的能力的時候，我們的看法將徹底改變。我們將在一個個全新的優勢的種族個體身上發現讓我們深信不疑的證據—人類將不斷創造出奇蹟，將使一切不可能成為可能。

僅僅就在幾年前，迄今還不到三十年的時間，現代心理學家開始宣揚人類思考和行動的新科學觀，因此我們只有很短的時間來論證人類更聰明地運用自己的能量和力量所能取得的成就。但是證據已經開始從各個管道湧現，結果已經頻繁地從各種奇蹟中顯露出來。人類可以用自己的雙手和人生創造出前所未有的奇蹟；他可以付諸行動，可以成功地運用到實際中去；人類可以創造出他的先輩所能想像到的能力、能量和價值。這些在新時代的初期就已初露端倪，我們試想，再過五十年甚至一百年，我們進一步發展和運用人類自身所固有的這種無限的可能性，即使是再偉大的目標，我們又有什麼不能期待的呢？

這就是下文我們所要陳述的目標，不只是想探討一下人類身上的更偉大的能力和無限的可能性，還想向讀者展示一些我們運用這些能力的實際方法。幾個世紀以前，我們就意識到這樣一個事實：「人類自身固有的能力遠大於表面展現出來的能力。」然而，只是在最近幾年，為了更好地理解這種「遠大於」的本質和實際應用，人們才開始進行系統的研究，也努力尋找更好的方法以把這些能力全面地有效地運用到我們的日常生活實際中。

然而，涉及這麼一個如此廣闊和新穎的話題，文章中的許多陳述乍看起來或許像是毫無根據的，或者至少是聽起來很誇張。但是，隨著閱讀的深入，讀者如果全面地研究一下這些陳述的基礎根據，就會發現在這本書中不僅沒有毫無根據的或者誇張的陳述，而且這些陳述都是在實踐中被多次驗證的事實。

當我們深入人們的生活，去探索在這平凡的精神物質和生命能量層面下究竟蘊含著何種偉大的事物時，我們會發現人類是上帝創造的一件多麼優秀的作品，在人類美妙精彩的生活面前，語言變得蒼白無力，即使是生活中的一小部分，用語言也無法準確地描述出來。在這種時刻，我們很想用最強有力的陳述和我們所能想到的最有說服力的形容詞把自己的想法用語言表達出來。

但是，最終你會發現，語言太蒼白，並不比什麼都不說好多少。由此，我們推斷出，所有試圖描述人類身上的那種「遠大於」的語言都是站不住腳的。即使是最雄辯的語言，連我們說明所有的真理所要用到的語言的千分之一也表達不出。我們不得不承認這一點，並且由此可以發現，如果我們不挖空心思去尋找有限的雄辯的語言，而是自己去學會理解掌握並運用這些更偉大的能力—絕對比最雄辯的語言更強勁有力的能力，將是多麼明智的選擇。

如果有些人還固執地認為，人類將一如既往地軟弱無能下去，那麼他們就大錯特錯了，回頭看看，仔細想想，人類最近幾年在各行各業做出了多麼矚目的成就，人類往前邁出了多麼堅實的步伐。

此外，也許有一點這些人完全忽視了，那就是人類身上的能量是無窮無盡的，科學上所研究出來的對人類力量的運用只不過是人類身上微不足道的一小部分而已。顯而易見，問題在於，當人類像在其他領域一樣付出艱辛的勞動，費盡心思去挖掘人類自身的能力，並把這些能力運用到自身的發展和進步上時，人類將會變成什麼樣子呢？如果人類做到了，那麼，毫無疑問，世界將迎來嶄新的和更優越的人類民族，我們的下一代或者下下一代將親歷這歷史性的一幕，更強壯有力的男人和女人們將不計其數並且超過歷史上的任何時刻和任何地點。

在這些問題上，仁者見仁，智者見智，然而有一點是相同的，那就是即使我們現在對未來預測得再美好再大膽，到時候人類一定比我們現在所能想像到的好幾千倍、幾萬倍。

文章下面所要講述的內容的目的就在於，盡可能的鼓勵更多的人去研究和運用他們身上偉大的無窮無盡的能力，以此使他們作為一個個體而言，不僅能夠變得更偉大、更富有、更有價值，並且使他們成為我們一直夢想中的引以自豪的更高級的更讓人歎為觀止的人類民族的先驅者。

推薦序（前梅隆家族董事長推薦：預言中的劫難）

這是在一九三六年冬天的一個陰鬱的黃昏，一個寒冷入骨的時刻。

由於疾病困擾著我這副彷若風燭殘年的身體，我的戶外活動已經減少到最低限度，絕大部分時間，我只能老老實實地待在這間空闊的房間裡—確切地說，只能躺在巨大落地窗前的病椅上，聽任生命的鐘擺靜靜地走向寂滅。

透過窗玻璃，我可以看到外面的街道上的風景—它再也沒有數年前的欣欣向榮、一派繁華的大都會景象。我只能看到神色落寞、了無生氣的面孔稀稀落落地從陰鬱的馬路上走過。我很清楚，絕大部分人還掙扎在經濟大蕭條的餘悸裡，他們沒有工作可做，甚至沒有可以保暖的衣物讓他們走出戶外。人們更多的時間是呆在家裡，麻木地等待接濟人員將最低劣的生活必需品發送上門。

我知道上帝留給我的時日已經所剩無幾，我在孤獨中安靜下來，開始回憶自己走過的生命歷程。我清楚的記得，我的父親湯瑪斯在他六個孩子中對我最為溺愛，他不止一次地向外人宣稱：「看吧，安德魯將會創造偉大的奇蹟！」或許是他的誇耀感染了我，年少時期，我就刻意地創造了一些「奇蹟」。

那個時候，父親從他的岳父手裡繼承了大片地產，但這些地產卻幾乎毫無利益可圖，除了每年收穫成片成片的雜草之外。

十七歲那一年，父親讓我去考察一塊土地，準備將它們低價出售給當地的居民。我按照父親的旨意賣掉了絕大部分，卻自作主張留下一塊狹長的土地，父親對我的處理很不滿意。但是，一年後，這塊留下的土地成了修建鐵路的必經之處，補償款的數目高得令父親驚訝不已。他問我為何知道這一塊土地將修建鐵路時，我也不明白，或許這一切都是神明的指導，不管怎麼說，我的行為足以讓他震驚不已。後來的很長一段時間，我也一直迷惑於自己當初為什麼要留下那一塊看上去荒蕪不堪的土地，直到我遇上拉爾森後，才從他的如炬的偉大思想中，窺探到了人類心靈的神奇力量。

克里斯汀•拉爾森是一位傑出的具有高度影響力的早期新思想領導者，我能夠和他成為莫逆之交，實在是三生有幸，這應該是上帝對我的最大恩賜！雖然這份恩典來得遲了點—在我五十多歲的時候才出現。但和其他人相比起來，我卻又是多麼的幸運，畢竟我和拉爾森奇蹟般相遇，並結下了深厚的友誼，這份友誼是我一生之中最珍貴的記憶。

就在兩年前，我帶著神聖般的使命來到西部，希望在這片廣袤的土地上尋找到未被開墾過的「黑色的金子」—令所有投資者為之瘋狂的石油。

為了獲得更為翔實的第一手資料，我深入到荒山野嶺中進行實地考察，一場始料未及的暴雨將我送進拉爾森的「宮殿」—隱匿於山野裡的一處神祕山洞。

那一場雨來自日落時分，狂暴的驟雨抽打在我身上，令我的肌膚一陣陣疼痛。天色很快暗下來了，暴雨依舊沒有停歇的跡象，這對毫無野外生存經驗的我來說，無疑是一種巨大的威脅。我在雨中慌不擇路地東奔西跑，祈求可以遇上什麼人—這是我心底最熱切的希望。讓我喪氣的是，這個時刻，在這種地方，又是如此惡劣的天氣，根本沒有誰還會呆在山野裡。

我拖著疲憊的身軀在雨中賺扎前行，在心裡祈禱著奇蹟的出現。突然，我看到一圈光亮—在如織的雨簾中散發著喜悅的光暈！我心頭狂喜，朝著這一圈昏黃的光暈蹣跚地衝過去。

當我接近光暈時，才看清楚那是一個隱匿於山腹處的山洞。山洞並不大，也就二十多公尺。靠近山洞的中央，一堆篝火正在熊熊燃燒，篝火上方吊著一口黝黑的鐵鍋，鍋中的食物已經煮熟，散發著誘人的香氣。離火堆一公尺左右，坐著一個男人，他只在腰部草草地圍了一塊粗糙的麻布片，裸露的胸膛呈現一片古銅色，那是健康的膚色。男人的鬍鬚很長，雜亂地糾結成一團，和同樣雜亂的長髮交織在一起。他的形象看上去異常落魄，如果不是他的一雙眼睛中透射出來的真誠與安詳，我幾乎就要重新回到暴雨肆虐的黑夜中。

「你好，歡迎光臨，我已經等你很久了。」男人放下手中的書卷，從鋪著羊皮毯子的地上站起來，向我伸出一雙粗糲的大手。

他的形象已經讓我驚疑不定，當我看到他放在羊皮毯子上的厚厚書卷時，我的疑惑上升到頂點。我粗略地環顧了一下山洞的陳設，除了簡單的生活用具，更多的是大大小小的排列得滿滿的書籍，幾乎佔去了山洞的三分之一的地方。我實在想不透一個「落魄」到回歸原始人類生活方式的人，還能靜下心來閱讀這麼多的書籍—那是一種怎樣的力量與信念支撐著他。而讓我更為驚奇的是他的話，似乎他早就知道我會出現在這裡，他是否擁有巫師般未卜先知的神祕本領。

他笑了，大聲說道：「你是我隱居在此這些年來第一個進入我的山洞的人，所以也是我最珍貴的客人。我曾經發誓，如果沒有人能夠進入這個地方，我將一輩子留守在這裡，直到化成一堆白骨。既然你能夠出現在這裡，那麼我將結束自己的隱居生活，重新回到人們當中去。」顯然，他猜透了我心裡的疑惑。

「為何要隱居呢？為何不去享受多姿多彩的生活與充足的陽光？」我鼓起勇氣問道。

「理由很簡單，我要讓自己在絕對的安寧中觀察自己的內心世界，發現自己的內在能量。這是一種自我修煉，如果運用得當，它完全可以讓你超越自身，擺脫疾病的困擾和情緒的侵蝕，以及許多存在於生活中的不正確的誘惑，你知道，這些誘惑時時刻刻充斥在我們的周圍。」他顯得異常興奮，「甚至可以將財富吸引到你的身邊，也可以讓你的愛情永遠美滿幸福，而這些都是人們渴望得到卻一直難以企及的。」

我指著那些堆積起來的書籍：「你是說這些美好的東西都在這些紙製品上？」

「大部分都在這裡！」他抬手敲一敲自己亂糟糟的腦袋。

我幾乎笑出聲來，看起來，這個男人是個十足的自大狂，不，應該是自戀狂，要不然，他也不會遺世而居了。

「先喝湯吧。然後你可以慢慢閱讀它們，相信我，它們將給你的生命注入全新的血液，令你脫胎換骨。」他粲然一笑，露出一口整齊的牙齒，「僅管目前還沒有全部完成，但已經足夠讓你受用一生了。不過你得記住我的名字，克里斯汀•拉爾森，一個偉大的心靈啟迪師。」

我無心理會他的自吹自擂，相對來說，那口黑色的鍋裡的內容更吸引我的注意—我此時早已是饑腸轆轆了。

那是一種野生菌類加入馬鈴薯後熬成的湯，除了鹽巴，再沒有其他的調料，但此刻卻是如此鮮美可口。

喝完湯，我脫下淋濕的衣服擺在火堆旁的木柴上，順手拿過一本書來打發無聊的時光。讓我奇怪的是，這些並非印刷品，而是厚厚的手寫稿—應該就是他的「驚世之作」了。

我看了看書名：「喚醒的力量：永遠不要忘記人類最偉大的動力。」

我暗暗好笑，一個隱居在山洞裡的人，居然還在寫「夢想成真」，那麼，他的夢想是一直做一個「原始人」嗎？以現在情形來看，似乎已經達成所願了。

我漫不經心地翻著這些手稿，似乎被什麼東西慢慢吸引住了，直到那些文字將我牢牢地牽扯進去，指引到一個神奇的從未發現的心靈世界……

感謝克里斯汀•拉爾森，感謝那一場暴雨，讓我獲得了一種前所未有的能量。直到現在，儘管我的生命即將走到盡頭，但回想起那一晚，我一口氣讀完後的激動與狂喜，我的內心就會湧起無邊的感激與慰藉。這些年來，我一直追讀著拉爾森的每一部作品，它們給了我無上的智慧和力量，也讓我在管理龐大的梅隆家族財團時可以運用自如，將整個家族推到一個令世人震驚的巔峰。

但是，我每每想起一九二九年夏天，我就感到痛心疾首。當時，不少人已經鄭重地提醒過我，要向國會提議商業防範措施，否則將會出現難以收拾的崩潰局面，成千上萬人將流離失所，整個社會將出現大動盪。

可惜外在的表象蒙蔽了我的靈魂，我認為那些人純粹是杞人憂天，根本沒把他的預言當回事，導致我沒有採取應有的措施來預防經濟泡沫爆炸帶來的可怕後果。一九二九年十月二十四日，這個災難的日子終於在瑟瑟秋雨中恐懼降臨，拉開了全球經濟危機的黑色序幕。

這些年來，我的耳邊一直環繞著一首令我羞愧至極的兒歌：「梅隆拉響汽笛，胡佛敲起喪鐘。華爾街發出信號，美國往地獄裡衝！」我一直認為導致那次經濟災難的罪魁禍首就是我，雖然更多的人並沒有將責任推到我的身上而對我橫加指責，但我卻因為沒有聽從他人的告誡而萬分悔恨。

所以，在我生命即將走向回歸之前，我要寫上這些文字來警戒後人：「任何時候都不能被浮華的表像蒙蔽心靈的智慧！」

最後，我要真誠地向你推薦克里斯汀•拉爾森—這個必將成為眾多人們追隨的新思考精神領袖。你如果要改變你的人生，獲得偉大的成就，他的作品你不可錯過。這是我對你們的真誠推薦，以此來減輕我多年來沉溺於悔恨之中的煎熬！

但願，劫難不再，一切永遠美好！

祝福人：安德魯•梅隆

一九三六年十一月二十日

一個來自華爾街的財富傳奇

當金融危機的烏雲密布在我們的心靈上空之時，永遠不要忘記人類最偉大的動力—那就是夢想和堅持的力量。

如果你去過華爾街，你一定不難見到有一個看上去非常普通的、賣雜貨的似乎無家可歸的老人，你千萬別真的就把他當成一個無家可歸的糟老頭，他可能是世界上最成功的推銷員之一。

這位老人名叫喬•安德森，今年已經快八十歲了。

每一天，當太陽照著曼哈頓島的高樓大廈時，安德森就開始了他的雜貨生意，他會賣一些小器具，比如削馬鈴薯的刀子、比如富有創意的指甲鉗等等。這些東西在別的地方也許賣不到一美元，但是在這裡卻可以賣到五美元。每一天，老頭的身邊都會圍滿了人，他不斷的向顧客們介紹著這些小商品，當華爾街的金融菁英們紛紛都下班回家後，安德森才收拾好他的東西準備結束他一天的買賣。

讓你不敢相信的是，就是這樣一位在街頭賣小雜貨的老人，他的家就在曼哈頓公園大道的最高級公寓中，要知道，很多金融界的高級職員都買不起這裡的房子。因此，在這個高級的公寓中，安德森算是一個「異類」，人們無法猜測他的身分。次貸危機發生以來，就在多數人因為這場金融風暴而不知所措的時候，安德森照樣每天晚上會穿著名牌西服到曼哈頓島的各個高級餐廳用餐，然後，他會去一個高級的場所聽音樂會。他的生活似乎沒有因為這場危機而發生任何改變，臉上依然浮現著燦爛的笑容。

就在半年前，安德森銷售的產品中多了一樣東西——一本書，安德森不斷的向每一個人介紹說，這是他父母留給他最好的禮物。就是這本書，讓他們全家安然度過了「大蕭條」中艱難的日子。安德森說：「大蕭條之前，我的父親是華爾街上一家證券公司的總裁，一九二九年那個的黑色週末，父親所有的財富在一夜之間全部蒸發，公司破產，並且欠下一大筆債務，我們家也被迫從最繁華的市區搬到了郊區，父親根本無法接受這樣的打擊，開始變得十分的消沉。一直到一九三六年的有一天，父親從外面回來，臉上的憂愁一掃而光，充滿了自信的笑容。父親的手上拿著一本書說：「我們家很快又可以過上好日子了。」從那以後，父親做起了雜貨商人，父親銷售的東西，都是幾美元一樣的小玩意，可就是這些小玩意，讓他們全家都安然度過了經濟危機，而且慢慢的有了一些積蓄。

安德森說，當他大學畢業之後，父親讓他去華爾街上父親的一個老友的金融公司上班，然而，當他來到華爾街時，卻改變了自己的想法，他決定把父親的雜貨生意搬到華爾街。就這樣，安德森幾十年如一日地銷售他的小東西，讓人想像不到的是，他的生活一點也不比那些所謂的「金融菁英」們過得「沒有品位」。

安德森推銷的這本書吸引了無數華爾街的菁英，半年來，安德森在華爾街上銷售了近十幾萬本書，購買這些書的，很多都是那些在金融危機中大受損失的人，甚至還有證券公司把這本書買來發給員工學習。

安德森的事蹟引起了很多人的關注，就在不久前，他接受了一家電視台的採訪，透過採訪，人們瞭解到，他這樣從事銷售已經六十年了。他說：「不要認為我從事的是一個小生意，只要你有耐心、能夠堅持不懈，你一樣可以成為一個有錢人。」

安德森還在節目中向人們推銷他正在銷售的這本書，他說：「這本書會帶你走出危機！」他又說：「其實人生根本沒有危機，只要你發現了自己的力量。

最後要告訴你的是，安德森銷售的這本書，是一位心理學家在大蕭條時隱居在山洞裡寫成的，這位心理學家叫做克里斯汀•拉爾森。就是這本書，讓安德森的父親走出了大蕭條的日子，並告訴全家人說：「我們又可以過好日子了。」

我們相信當你讀完本書後，也同樣會對自己說：「我又可以過上好日子了。」

●目錄

如何喚醒人類的力量呢？簡單地說，就是去探索分析人類真正的本質，去搜尋人類所擁有的一切力量，不管這些力量是外在的還是隱藏的，是積極的還是被動的，我們都要把它們找出來。而且，我們還要找到運用這些力量的方法，把它們用到我們的日常生活中，讓我們每個人變得更富有、更偉大、更精彩。

不管你是思考還是感覺，不管你是說話還是行動，也不管你的生活中將要發生怎樣的事情，你都應該毫無疑問地擁有這樣一種至高無上的想法—你在

★第五章 訓練你的潛意識／78

要持之以恆並有目的地訓練潛意識思考，我們就必須要遵從以下法則：潛意識支配著印象、建議、欲望、期望，甚至也指引著意識思考的思考方向，當然前提是意識和潛意識達成了某種共鳴。因此其中的奧祕就在於思考的兩種形態，即有意識思考和潛意識思考達成了共鳴，只有這個時候思考的方向才能被具體確立下來；而要讓有意識與潛意識這兩種思考型態達成共鳴就必須要讓有意識思考完全滲透到你內心世界當中去；也就是說，你會感受自己彷佛不是生活在地球表面上，而是已經到整個宇宙中去了。

★第六章 客觀思考的力量／88

每個客觀思考都是具有力量的。它能為你所利用，但也能違背你的意願；它有力量來直接對你的思考活動以及身體產生影響。具體的影響是由其自身決定的。可是所有的思考活動都會時不時地變為客觀思考。所有的思考都可以深入到思考中心區域，因此也就能直接決定其所結出的思想果實究竟是善的還是惡的。所以，所有的思考都應該更加科學；換言之，就是要設立一個明確的目

人如其所思已是一個我們不得不承認的事實，這一事實的發現使人們對思想的力量形成各種各樣奇怪的觀點，其中一個最主要的觀點認為：思想是一種控制性的力量，是用來控制萬事萬物的，用來迫使命運服從我們的意志。但實際上這種觀點是沒有任何科學依據的，這一點已經過無數次的證明。

欲望產生與存在的目的就是為了通知人在某個特定時期有何需求，以滿足人生對變化與進步的不斷追求。要想實現這一目的，欲望需要發揮自己的兩大功能：第一，為身體機制的各種力量提供一個明確的奮鬥目標；第二，激發體內那些能為這一目標的實現做出貢獻的力量或器官。在行使第一個功能的過程中，欲望不僅促進了體內各種力量行動的一致性，而且促使它們團結起來，齊心協力為實現共同的目標而奮鬥。因此也就不難明白為什麼一個人的願望如果堅定、強烈而且持久的話，就極有可能會實現。

集中精力的目的就是要集中我們全部的力量來進行我們手中的工作，因此，集中精力可以說是打開成功大門的一把萬能鑰匙。最後的分析認為，力量的分散是造成一切失敗的根源，而力量的集中則是人們得以成功的根本原因。當然這並不是說精力集中與否是決定成功與失敗的唯一因素，但是，這至少告訴我們，精力必須高度集中，否則不管我們有什麼樣的好辦法，失敗最終都是不可避免的。

意志力的作用是多方面的，其中主要的有以下幾種：作為創始人的意志力，指引的意志力；控制的意志力；思考的意志力；想像的意志力；欲望的意志力；行動的意志力；想出新的主意的意志力；將這些主意表達出來的意志力；為目標而實踐的意志力；將任何力量或者才能都發揮出來的意志力；以及將天分發揮到極致的意志力。通常最後一種作用會被忽視，但是它是現實生活中取得成就或者達到目標不可或缺的。

偉大的思想並不是從父輩繼承來的，而是由自身從生活中，從思想及行動中得到的。任何人理解了培養思想的技巧都可以具備這樣的偉大思想。或許今天你的思想不是那麼完善，而且你的祖先們都不是具有偉大思想之人，但是，你依然可以按照科學的方法培養你的思想，這些方法對任何人都適用。

生活中一切因素本身都是美好的，在行動中也應該產生好的結果。但先決條件是，我們的行為能夠得到正確的引導。如果我們的行為被誤導，那麼罪惡就產生了，這也就是為什麼人生當中會有錯誤。世界上一切錯誤都是由於對正確因素的曲解濫用導致的。因此，一個人要想學會不犯錯誤，就必須學會合理地運用自身能力所及範圍內的一切積極因素。

性格是慢慢形成的。人類各種力量得到鍛鍊，各種因素也在他們各自的範圍內發揮著積極的作用，人類在這個過程中充分地表達自己，以提高作為人的原始本能。正是在這個過程中，形成了人的性格。人體的每一個部分都有它要完成的使命，這也是他們存在的理由。如果這些部分中的因素可以施加影響使部分的作用有所提高，那麼這些行為都是有益的，是正確的；正是性格促成了這些有益的行為。因此性格對人們來說是必不可少的，不論人生活的目標是什麼。性格是一切行為的導向，是對人體的一切的合理利用。

將人體比作一個活的「發電機」再合適不過了。因為人腦中能夠源源不斷地產生出驚人的能量，尤其是創造力。如果我們能夠將健康人群所產生的能量進行量化，所得結果會是驚人地龐大。然而更加令人吃驚的是應該自然所賦予一個人的能量，而一個人所消耗的能量與所得到的相比僅是九牛一毛而已。接下來，我們就來瞭解這一現象的原因，以及對這一巨大能量沒能得到充分利用的解釋。

說話是一門科學，任何人如果想得到幸福或促進自身發展，就必須深入瞭解這門科學，並以其來指導自己的言語行為。我們所說的每一句話都會對我們的生活產生影響，根據話語性質的不同，可能是正面影響，也可能是負面影響，能為我們帶來麻煩、貧困和疾病，也能為我們帶來和諧、健康與興旺。簡而言之，話語幾乎能夠改變一切狀態，不管這個改變是讓你喜歡還是不喜歡。

利用空閒時間多想像一些類似的圖景畫面並將其掛在心裡最顯眼的位置上是非常有用的，這樣，我們身體各器官、各力量就能隨時看到了。人的思想在時刻不停地運轉，總是在想著些什麼東西，人要是醒著而什麼都不想幾乎是不可能的，那為何不去想像那些可以激發鼓舞我們體內各力量的畫面情景，讓我們不斷進步，做得更好呢？

每個人都有著自己的潛能。我們發現自然界中最強大的力量都是超越理解範疇的。電力就是一個例證。而自然中沒有比電力更強的力量，或者說沒有人能確定電力到底是什麼力量。同樣，越是強大的力量，越是難以理解。在人類的範圍中，其實存在著很多不為人知的力量；我們不理解它們真實的本性，但是卻能看到它們的功用，看到這些力量能夠在生活中發揮多大的作用；其實我們無時無刻不在和這種力量打交道。

這是現代心理學的一個結論，人類身體裡的潛力是無窮無盡的。這個結論建立在兩個事實的基礎上。首先，人類的天性不受任何的限制；其次，人類的一切天性都蘊含著不斷完善的潛力。這兩個事實的發現讓人類對自己有了新的認識，這個認識可以運用在整個人類的領域。要讓這種認識轉化為人類的力量，就要首先考慮觀念對人類的巨大推動作用。

★第一章 人類的統治法則

1如何喚醒人類的力量呢？簡單地說，就是去探索分析人類真正的本質，去搜尋人類所擁有的一切力量，不管這些力量是外在的還是隱藏的，是積極的還是被動的，我們都要把它們找出來。而且，我們還要找到運用這些力量的方法，把它們用到我們的日常生活中，讓我們每個人變得更富有、更偉大、更精彩。

2為了使這項工作的每一個階段都像我們平時的工作一樣，我們必須做到，所有人都不能理解的話不出現，所有人都不能運用到日常生活中的想法都不能提。我們都迫切地想知道，來自我們身體上和精神上的力量究竟有多少、有多大？我們也想知道，我們到底該如何用最成功的方式來運用我們的這些力量？我們在實際生活中重視的是結果，在我們真正學會有效地運用我們身上的力量之前，我們不會相信自己，也不會相信我們的民族。在人類本質所允許的範圍內可能爆發出來的最偉大的結果是不會輕易為人所知的。

3當我們繼續這個課題的科學研究時，我們就會發現擺在我們面前的問題是，我們身上究竟擁有哪些力量以及我們應該如何運用這些力量。在對人類身上的力量進行大量的有意識的和下意識的研究之後，我們已經得出結論，只要我們知道如何使用這些力量，我們就幾乎能夠取得我們所能想像到的一切成就，不僅能夠最大限度地滿足我們的欲望，甚至連我們的最高目標也能實現。雖然這看起讓人難以置信，但是當我們真正學會運用我們身上的這些力量時，當我們對人的本質進行全面研究後，我們不得不在最大意義上相信這一點，而且，沒有一個人不會滿足不了自己的欲望並實現自己的目標。

4這不是我們毫無根據的推測，也不是我們的一個美麗的夢而已。當我們一步步深入研究人類至今所經歷的生命歷程，當我們總結我們每一天的生活經驗，我們就會越來越堅定我們的想法，我們每一個人有什麼理由不去實現自己的夢想，不去收穫更多的財富呢？

5在全面研究和理解人類本質的過程中，我們會很自然地發現這項研究的基礎，因為只有在知道「我們是什麼」之後，我們才能知道並運用我們身上所固有的力量。探索人類本質的方法有成千上萬種，但是在這裡只有三種方法對我們目前的研究有實際價值。第一種方法認為，人是由自我、意識和形態構成的，雖然這種分析是最完整的，卻也是最抽象的，因此不容易被人所理解。第二種方法比較而言，比第一種簡單些，也是唯一一種能為大多數人所接受的方法，它認為人是由身體、思考和靈魂組成的，雖然這種觀點常常被提及和談論，但實際上卻很少有人能真正理解它。實際上，人是由身體、思考和靈魂組成的這種最普遍的觀念被徹底地推翻後，人們才會相信它是真的。第三種分析方法，也是最簡單的、最有用的方法，認為人是由個體和個性組成，也是這種關於人的本質的觀念才組成了我們這項工作的研究的各個階段。

6在我們對這項課題進行更實際深入的研究之前，我們會發現，簡要地研究一下這些與人的本質有關的各種各樣的觀點是大有裨益的。事實上，如果想要研究如何運用我們所擁有的一切力量，那麼，任何一種把人分成各個部分的方法中提及「自我」的，我們都應該好好地去理解。這樣做的原因就蘊含在這不變的事實中：「自我」就是指「本我」，這是人類身上的主導性原則，是人的個性的中心和來源，是發生在人類身上的一切事情的創造者，這是人類身上第一性的東西，其他的所有的東西都是第二性的。

7當一個普通的作者使用「自我」這個詞語時，他會認為他在使用一個很抽象的詞語，我們是否理解它會對我們的閱讀產生一定的影響，但是這種影響是很小的。然而，這種想法是不正確的，因為，只有「自我」發生行動後，整個人類系統的行動才能全面啟動；只有在確保「自我」能夠產生新一代後，我們才能提前採取行動進行發展。另外還有一點非常重要，我們必須深刻地認識到，控制我們所擁有的力量的意志力的能量大小，直接取決於我們認識到「自我」是我們身上的主導性原則的充分程度。

8因此，我們明白，把我們所有的想法、所有的感覺以及所有在思考和個性指導下的行動與自我或者我們以後將要談及的「本我」聯繫起來，這一點是非常有必要的。在這個聯繫中，我們第一步要做的就是，在你做的每一件事中找出「本我」，作為你自己，作為至高無上的自己，你始終要想到的就是「本我」。無論何時，當你想事情的時候，你就要意識到，是「本我」使你產生了這種想法。每當你行動的時候，你就要想到，是「本我」讓你產生了行動的主動性。每當你想到你自己或者努力去意識到自己的存在時，你就要意識到，「本我」已經佔領了你整個意識王國的寶座。

9另外一點也很重要，就是我們要在心裡默默地確認—你就是所謂的「本我」，並且，當你很確定你自己的陳述或者只是簡單地積極地宣稱一下，「本我」

這句話會把「本我」看作你整個世界中的主導性原則，看作是最與眾不同的，超越你生命中其他一切的東西，這也代表著在最高、最大和最全面意義上的真正的你。這樣你就真正做到提升了自己，或者說，把自己帶到了強大的個性的頂峰；你使自己成為主宰者；使自己真實地面對自己；使自己站到了原本屬於自己的位置上。透過這種方式的練習，你會發現，你不僅會成為你自己全部人生命運的主宰者，並且把你所有的有意識的行動提升到你意識中的更高級的狀態，我們可以把這種狀態描述為我們生命的寶座，或者說，在這些行動的中心存在著主導性的「本我」，並且它運動、變化和發展著。

10如果你想控制和指揮你所擁有的力量，你就必須從你生命的寶座開始行動，這個寶座是什麼呢？換句話說，就是從你的精神世界的有意識的那一點開始，這是你用來控制和指揮其他事物或者發揮你的主動性的力量產生的源泉，也是「本我」的核心所在。你必須行動起來，不是作為存在的肉體，不是作為一種個性，不是作為一種思考，而是作為「本我」。而且，你越是充分地認識到「本我」的高級位置，你就會擁有更強大的力量去控制和指揮你可能擁有的所有的其他事物。

總之，無論何時，只要你思考或者行動的時候，你就要感覺到，你是跟「本我」

站在一起，你處於你的精神的頂點，處在你存在的最佳高度。同時，你也應該意識到，這個「本我」就是你自己—是至高的自己。這些方法你練習得越多，你就能把自己從思考和身體的局限中提升得更高，更接近自己作為一個強大個體所擁有的屬於自己的位置，實際上，就是把你自己放到應有的位置上，置於你所能掌握的一切事物之上。

11當我們檢查普通人的頭腦時，我們會發現人們一般是用頭腦或者身體把自己區別開的。他們或者認為自己是頭腦或者認為自己是身體，結果是，他們既控制不了自己的頭腦，也控制不了自己的身體。在這些人的本性中，「本我」被淹沒在一堆堆的觀念之中，這些所謂的觀念或真或假，難以分辨，而且，他們的想法被這些觀念所左右，卻沒有從「本我」這一主導性原則中獲得任何指示。這一原則潛藏在人的身體結構的下層，然而，只有當我們從身體的上層得到指示時，我們才能去控制我們的生活，於是，關於普通人為什麼不能掌握自身的力量並擁有使用這些力量的能量，我們找到了答案。

12首先，他們要把自己提升到身體結構的上層，接下來最重要的一步就是你要把「本我」真正作為你的主導性原則並且承認這個「本我」就是你自己。還有一種方法，並且在這一聯繫中你會發現這種方法非常重要，就是要做到每天花幾分鐘去想像和感覺你自己—即「本我」—不僅超越你的頭腦和身體，並且從一定意義上講，與你的頭腦和身體截然不同；事實上就是，每天試圖把「本我」與跟你有關的其他東西隔離一段時間。這種作法可以給你一種作為一個獨立的個體對「本我」的完美的獨特的感受，並且，在你得到這種感覺後，每當你想到你自己時，你就會首先想到至高無上的「本我」。因此，從那一刻起，你的所有精神活動將直接來自「本我」；而且，如果你能夠堅持始終站在這些精神活動的高度之上，那麼你將能夠控制這一系列精神活動並完全指揮它們。

13在這一聯繫中，我們沒有什麼必要去檢驗我們的意識和我們的行為之間的關係，更沒有必要去探索和詮釋它們之間存在的普遍的內在規律，因此，這樣我們也許會很清楚地瞭解我們在自己的意識領域以及表達領域正在做什麼。這個「本我」是完全清醒的；也就是說，這個「本我」知道在人類領域或者說人類的世界存在著什麼，也知道我們存在著的人類世界此時此刻正在發生的事情；這些即構成了我們所謂的意識。簡單地說，就是當你知道你自身的存在時你是清醒的，並且你清楚地知道在你的周圍正上演著的故事。

14我們稱之為「行為」的東西，在我們每個個體的個性中普遍存在著，它有自己的形狀，並且時刻以自己的方式呈現和展示著來自我們身體的力量。在關於意識的訓練中，我們發現「本我」呈現出三種基本的行為：當「本我」走出我們生活的圈子看世界時，我們呈現的是簡單意識；當「本我」盯著自己在生活中所處的位置看時，我們擁有的是自我意識；當「本我」用睿智的雙眼看清生活的真正面目時，我們懷抱的是宇宙意識。

15在簡單意識中，你只會意識到在你的身邊永恆存在著的事物，當你逐漸開始意識到你是一個獨特的實體時，你開始擁有你的自我意識。當你開始把注意力轉移到這個實體的偉大的內部結構並試圖探索所有事物的真正起源時，你便意識到你周圍的這個世界，好像是所有世界中所蘊含著的一個獨特的世界。如果你發現自己開始擁有這種感覺時，那你已經站到了宇宙意識的門口了，迄今為止，宇宙意識對我們而言還是最神祕的一項課題，至今無人能真正涉足的一項事業。

16倘若我們要給身體、思考和靈魂下定義，那麼我們就必須像前面陳述的一樣，顛覆以前的舊有的觀點。過去，我們常常使用這樣一種表達方法：「我的靈魂還在」，用以表達「我還擁有活生生的身體」的意思；而且，這種觀念如此深入人心，以至於當我們提及「我」或者「我自己」時，所有人都會條件反射般的想到「身體」一詞。在這種觀念中，我們並沒有把個體置於思想和感覺的物質狀態之上，反而在一定程度上被一堆堆物質性的事實和觀念淹沒了，而且我們很難去控制它們。

17你不能控制生活中的任何事情，除非你把自己置於生活的高度之上你不能左右你身體中的任何部分，除非你意識到你在自己的身體之上；你也不能指揮你思考中的任何想法，除非你意識到你在自己的思考之上。因此，也就是說，只要一個人把自己的存在僅僅看作身體的存在或者只停留在身體內部，那麼，不管怎樣，在任何範圍內，在任何程度上，沒有人可以運用他身體內的任何力量。

18當我們探索人類的純粹的本質時，我們會發現，我們所說的靈魂就是人類自己，我們所說的自我就是人類靈魂的中心原則。或者換一種說法來說，靈魂，包括「本我」，組成了一個個個體生命，個體透過靈魂又組成了個性。如果你想掌握你的力量，並能夠運用這些力量，那麼從現在開始訓練，讓自己堅信你就是靈魂，但是不要把靈魂看作是模糊的或者是神祕的東西。把靈魂就看作是實實在在的你，而且用它能解決一切事情。設法讓自己相信你就是自己思考和身體的主人，因為你在你的思考和身體之上。因為你擁有一切能量去運用你思考和身體中的所有力量。

★第二章 駕馭自己的力量

1不管你是思考還是感覺，不管你是說話還是行動，也不管你的生活中將要發生怎樣的事情，你都應該毫無疑問地擁有這樣一種至高無上的想法—你在萬事萬物之上，你比任何其他的事物都優越，你擁有控制一切事物的力量。

2你必須在所有的思考、行動和意識中把自己放在一個高度，這樣你才能夠控制自己，才能指揮你所擁有的力量在現實中完成你的目標。因此，我們所說的把「本我」、靈魂和個體看作具有同一性的事物，所說的站到人類存在的頂點上，就如同我們接下來有可能提到的把我們的力量運用到實際行動中的說法一樣重要。雖然關於這一課題發展到的階段看起來似乎有些抽象，但是隨著我們對這些觀點的逐步運用，我們將會發現，進一步充分瞭解這一階段的觀點不是一件很困難的事情。事實上，從本質上講，當我們真正意識到我們竟然處於自己的思考和身體之上時，我們便會發現，我們所研究課題的這一部分是非常有趣的，比其他部分都要有意思，而且它的應用前景也非常可觀。

3我們可以更為充分地理解「個性」一詞。所謂「個性」就是指無形的人以及其自身所包含的無形的一切。是個性開啟、支配並且引導著人類。所以為了能自成系統地支配並運用你的力量，你就必須要充分理解並發展你的個性。你的個性必須鮮明、果斷而積極的。你必須要瞭解自身還有自己的需求，你也必須要果斷地滿足自己的需求。是個性讓你與眾不同，讓你區分於其他有邏輯的存在體，倘若你充分地發展自己的個性，那就能讓你出類拔萃。你有多強的個性在很大程度上就決定了你能在這世界上佔得一個怎樣的席位。

4當你遇到了一個與眾不同的人，他或是她出類拔萃，擁有著別人沒有的活力，那麼他或是她就是一個成功地充分發展了自己個性的例子，而這樣的人也注定會在世界上留下自己的印記。不妨假想有這樣的兩個人，他們的能力和效率相同，只是個性上存在著差異。其中一個人充分發展了自己的個性，而另一個則沒有。你一定馬上就能猜到是誰能獲得至高的成功；其中的原因就是自愛與個性鮮明的那個人超越了自己的心靈和身體，因此他或是她就能自如地支配並引導心靈和身體的力量。而那個個性較弱的人則多多少少地會受到自己的心靈和身體的支配，不用說支配自己的心靈和身體，他或是她反而常常會受到存在自身意識中的來自於外界的影響。

5當你發現一個人正在進行某項有意義的工作，給人們留下深刻的印象，並且不斷向更偉大的成就靠近，那此人一定擁有著很強的而且是積極的個性，他或者她一定充分地發展了自己的個性。所以，對你而言，如果你想要取得成功，並能駕馭自如地運用自己的力量，那你就必須要高度重視培養自己鮮明並且積極的個性了。

6個性被動而懦弱的人往往會隨波逐流，他們往往只能得到別人施捨的東西，而一個個性堅定、鮮明、積極、充分發展了的人則能掌舵自己的人生和命運，用不了多久他們就會實現人生理想，收穫自己一開始想要得到的東西。個性積極的人掌握著支配萬物的力量，並能讓萬物為自己服務。這就是為什麼這種性格的人往往能獲得成功的原因之一了。另一個原因在於你越是充分地發展自己的個性，那你就越能得到你周圍人的欣賞和稱讚。人類總是熱愛力量的，而有力量的人擁有獲得崇高地位的特權，無論是誰，只要他或是她充分地發展了自己的個性，那就會擁有力量—而這種力量往往是非比尋常的。

7要發展自己的個性，首先，要在自己的頭腦裡把「本我」這個概念擺在一個正確並且崇高的位置。「本我」是個性的核心，你越是對「本我」這個概念敏感，就越能獲得其中的巨大力量，而擁有這種力量也就能促使你培養出積極、堅毅的個性來。其次，要領悟「感受並假想自己」這樣的觀點，同時也要學會從支配的角度來思考。

8無論你何時思考自身，都要從支配的角度思考自己作為一個人，一個活動的主體的存在。除此以外，還要讓每一個心願、每一次感受、每一刻的思考以及每一次心靈的觸動都積極起來。使得你的需求明瞭而積極，換句話說，實實在在充分地瞭解自己的需求，並運用自身所有的力量渴求，也能為你的個性注入力量和信心這是因為這樣的心理活動能把你體內所有的力量活耀起來並運用到積極、富於創造性的活動當中去。

9最有效的辦法就是在你的腦海裡繪製一幅藍圖，將你對於鮮明、充分發展的個性的最好詮釋描繪其中，接著不妨假想你自己越來越接近那幅藍圖所描繪的。因為此，你要記住的一點是，我們總是會逐漸靠近我們最想要實現的那個目標。因此，如果你對充分發展自己的個性有了一個清晰明瞭的概念，並常常思考個性，也有熱切而積極的願望來發展這樣的個性，那麼理所當然的，你就會逐漸地向這個遠大的理想不斷靠近。另一個有效的辦法就是要對所謂的「內心的巨人」有一個清醒的認識。很少有人會意識到這個潛伏在他們內心的巨人，然而我們一刻也不能忽略他。這個偉岸高大的巨人與我們緊密聯繫在一起。這個所謂的「巨人」正是我們內心世界潛藏的巨大的力量和無限的可能性的總和。我們理應認識到他們的存在，並且要常常想到他們，要用全身心的力量來不斷喚醒內心無窮的力量。

10為此，我們就會發現那個內心的巨人，我們真正的個性會變得越來越強大而充滿活力，我們會獲得更多的力量來實現更多的可能。個性的價值是無可比擬的，對其附加再多的溢美之詞也不為過。每一個已知的方法都能幫助我們發展自己的個性，因此，我們要忠實、充分並且始終如一地運用這些方法。事實上，這也是我們所做的回報最豐厚的事情了。

11你看得見的就是這個人的個性。人身上存在的一切可以看得到的都是個性的一部分，但個性又絕對地超越了身體。說一個人有好的個性，可能不是指這個人的個性就一般意義上來說很美好。也許沒有漂亮的臉蛋，然而其個性卻得到了充分的發展。也許這樣的個性並不是十分出眾，可它一定擁有某種吸引人的特質，這種特質讓很多人大為欣賞。另一方面，如果一個人沒有很好地發展自己的個性，那麼在此人身上，你就只能看到一幅平凡得不能再平凡的皮囊。這種個性是粗俗甚至是粗劣的；而你沒有任何理由讓自己的個性粗俗不堪。沒有一種個性是不經過歷練而日臻完善的，這樣逐漸培養出來的個性才會散發出迷人的魅力，我們有無數的理由讓我們發展自己的個性。

12其中最重要的一個理由就在於人的所有力量都是透過個性運用的，個性越好，我們就越容易支配和運用自身具有的力量。可是如果性格粗魯，我們就會發現在日常生活中很難運用自身那些好的部分，在這裡我們就找到了一個為什麼人們常常無法最充分地運用天賦和能力的原因了。在這樣的情況下，個性往往被忽略了，或者個性沒有成為一個好的表達工具，不能適當地傳達那些更好的事物。個性與個人之間的關係正如鋼琴與音樂家之間的關係。如果鋼琴沒有調好音，再傑出的音樂家也沒辦法演奏美妙的音樂；相同的道理，如果鋼琴或是其他樂器是粗製濫造的，那麼最好的音樂也無法在琴鍵上彈奏出來。要發展你的個性其最核心的一點就是要學習如何運用人體中存在的所有的創造性能量，這一點我們將在另一章節中談到。

13當我們運用自身的力量時，就會發現在付諸行動時的三個層面。第一個是有意識的層面，在這個層面上我們是在思考清醒的狀態下付諸行動的。第二個層面是無意識的，在這個層面上思考是在潛意識中活動的。而當我們進入睡眠狀態的時候所進行的活動也就是在這個層面上展開的。所以說所謂的「睡著了」只是指理論意義上的，因為當我們進入睡覺狀態的時候，自我感會下降，換言之，就好像是進入了另一個世界一樣—一個廣闊無垠的世界，那裡的一切還未開啟。第三是超意識的層面，在這個層面上思考觸及到了更高的領域，而正是在這個領域裡我們獲得了真正的力量和鼓舞；事實上，當我們觸及到超意識的領域時，我們就會常常感到彷彿自己已經不僅僅只是人類了。

14因此，懂得如何在超意識的世界裡行為處事是非常重要的，儘管這一點可能乍一看顯得有點模糊而神祕。可是事實上我們一直有意無意地與這個超意識的世界有所接觸。我們常常在聆聽勵志歌曲的時候，在讀一些偉大作品時，在聆聽別人權威性的發言時，或是在目睹自然界裡震撼心靈的畫面時，就進入了超意識的世界當中。而當我們心懷雄韜偉略的時候同樣會接觸到超意識的領域，由此我們也就發現了其中巨大的現實價值。

15當一個壯志凌雲的人心潮澎湃，換句話說，就是擁有了雄心壯志賦予的力量的時候，他們幾乎會無一例外地觸及到心靈更高的層面—在這個層面上他們不僅僅會感受到此前從未感受過的巨大的力量和決心，還會為心靈注入更多的活力，於是你就得到了完成計畫、實現理想所要求的高超智慧，由此，你的抱負也將得到實現。可以說，我們正是從這個崇高的領域裡得到最神聖的啟示，誰都知道如果不進入這令人驚歎的超意識領域，這世界上誰也不可能取得輝煌的成功。

16當我們訓練自己的大腦和思考時不時地達到超意識的狀態，就會源源不斷地得到我們夢寐以求的東西。我們會不斷領悟我們想要掌握的方法。不管是什麼樣的困難，我們總能找到完全克服它的辦法。如果你正處於困境，那也要馬上重整旗鼓，擺正心態，直到你達到了超意識的狀態，而當你真正達到的時候，不久你就會受到啟發並攻克難關的。

17然而超意識的價值遠不只是這樣而已。人類最崇高的力量同時也是最強大的，可是這樣的力量只能在超意識的層面上運用。因此，如果你想要瞭解並運用你擁有的所有的力量，就必須要訓練自己的大腦，不僅僅是在有意識和潛意識下，更要在超意識的層面上思考。與此同時，我們也務必要克制自己不可沉溺在超意識之中；雖然它是人類至高的力量源泉，這些力量也是我們要成就偉業不可或缺的；然而，除非這種力量降臨人間，或者說，被運用到實際的行動當中去，否則這種至高的能量都是不可被利用的。

18沉溺於超意識中的人總是會做白日夢，可如果他不把超意識的力量運用到實際的行動當中去，他就將一事無成，只能耽於做千秋大夢，而這些夢也是絕不會實現的。只有我們將心理活動加入到意識、潛意識以及超意識當中，我們才能實現自己的理想。簡而言之，要想創造一番豐功偉業，必須要在各個層面上充分地運用自身所有的力量。

19當我們不斷將力量運用到具體的行動中時，就會發現其實這力量一定是從心理層面運用的，這是因為人的心理層面其實是行為的真正層面。潛在的思想正是在心理層面流動的，我們都明白這些潛在的思想具備決定性的作用，不僅僅是對行為的方向，也直接影響這個行為導致的結果。下面的這句話正好能說明這一點：「擱在最上面的稻草會滑動；想要覓得珍珠者必要潛入其底部。」

20這裡的「底部」一詞就象徵一個人的生活和意識中的心理層面，或者說是潛流暗湧的那個層面。凡人的思考總會停留在表面。偉大的思想者則會無一例外地挖掘最深處，在心理層面展開行為。他們的思想遨遊在遼闊富饒的可以被稱作「心靈的金礦」或「靈魂的鑽石寶地」之中。

21當我們進入力量的內在心理層面，這裡是指運用這種力量的行動的內在層面的時候，我們就會瞭解其中潛藏的思想，於是我們也就能支配這種思想。正是在這種潛藏的層面中，我們找到了開始行動的理由，無論是生理的還是心理的。

22如果能巧妙地運用這些潛藏的思想，那麼我們就能拋棄那些我們不喜歡的，然後創造出我們想要的事物。它們總是會產生結果，兼顧生理和心理層面，根據我們付出的具體行動，屬於個性的一切都會對此做出反應；也就是說，除非你首先指引你內心潛藏的思想來製造你想要得到的結果，否則你就不能有所收穫，無論是心靈還是肉體上的。

23因此巧妙地運用潛在的思想是至關重要的，不管我們想要做什麼，或是想要支配、掌握或運用什麼樣的力量；而只有當我們進入了心理層面的時候，我們才可能運用這些潛在的思想。

24相同的道理，我們可以在理解了現實生活中萬事萬物的內在心理之後將其很好地利用起來。這是因為當我們理解了它們的內在心理狀態時，也就理解了那個事物背後隱藏的力量，然後便能支配這力量並合理地運用它了。

25最後一點，當我們站在自身行動的立場上以及結合自己的環境理解了事物的內在心理狀態的時候，就會懂得如何利用它，並保證得到想要的結果。

26而這條法則在如何運用這些力量的問題上顯得尤為重要，不管這力量是透過心靈層面發揮作用，還是透過身體的任何一項機能得到運用，是透過個性還是在有意識、潛意識或是超意識的層面上被利用的。簡而言之，不管我們如何努力支配和掌握白身擁有的力量，都必須要深入這些力量的內在心理狀態，這樣我們才能充分地發揮這些潛藏的力量或是思想的作用。這些潛藏的力量和思想往往左右著事情導致的結果，如果我們能隨心所欲地支配它們，那我們也就真的能心想事成了。

★第三章 精神力量的應用

1精神力量統治著當今的世界，因此能最好地利用精神力量的人理所當然地就能有很大的作為，並能到達事業的頂峰。成功人士必是那些能將精神力量完全地運用到自己的實際生活中，並能讓每一次思考活動都能收穫成效的人。

2我們有時候想要知道為什麼會有那麼多有才幹的人們卻在事業上不得志呢，其實答案很簡單。那就是因為這些人沒有以他們理應有的方式運用精神力量。這些人不應該只是怨天尤人，而是要記住一句話，那就是要把學會充分利用精神力量作為他們的奮鬥目標只有這樣他們才能實現自己的理想，也更有可能獲得夢寐以求的成功。

3還有其他的原因促使他們所謂的「不得志」，不過其中一個最重要的原因在於當我們在朝自己的目標努力並以適當的方式運用精神力量時，我們身上的其他能量也正為達成目標而蠢蠢欲動，當我們懂得了精神力量不僅僅統治著這世界，更統治著人類自己的時候，這一點就更加顯而易見了。人類的思考支配著身體的其他機能。思考的活動決定了其他力量的運用。因此，為了能達成心願，就必須首先要考慮思考活動科學而有創造性的運用。

4在接下來的一章中，我將會闡述「本我」是人類的首要原則，在這一點上，我們可以得到這樣的結論，那就是「本我」確實是首要原則，僅管在嚴格意義上來講它並不是非常準確。原則和力量之間存在著差異，雖然就實用性上並不需要深究這個抽象意義上的差異。而懂得「本我」支配著大腦思考是很必要的，是精神力量支配著人類的一切。思考是最核心的，而「本我」則是這核心背後的力量。因此，懂得如何運用精神力量就變得至關重要，然而在我們可以瞭解這一點之前，必須要懂得這力量的真正內涵。

5從廣義上來講，精神力量是心靈世界裡所有力量的總和，包括思考過程中人們運用的那些力量。精神力量包含了意願的力量、期望的力量、感受的力量以及思想的力量。它包含了有意識與無意識活動的所有階段；事實上，它包含了思考活動的一切。

6如何利用精神力量呢？首先是要指引所有心理活動朝向既有的目標努力，這種指引不能只是偶然的，而是要持之以恆的。然而，有太多的思考主體並沒有執行這條法則。他們只會在短暫地思考某件事然後過一會兒就去想另一件事了。

在某個時間段裡，他們的思考方式與另一個時間段裡的並不相同。有時候已經定了一個目標，可是過了一會兒又改變了心意，於是思考活動總是三心二意的，無法向著一個固定的目標努力。我們都知道，每個已經定下目標的人都會堅定不移並且果斷地朝向這個目標前進，他們總能支配其自身的所有力量來實現這個目標。他們絕沒有游離於目標之外的思考活動。他們也絕不會浪費一分的精力。所有的力量都被他們用來輔助自己靠近目標，而每次他們都會實現自己的目標，這是因為他們從不會三心二意，見異思遷。他們無時無刻不在思考著自己的夢想。所有的精神力量都被用來為這個夢想而努力，而精神力量主宰著一切力量，於是他們身上潛藏的所有力量都將會為一個目標的實現而發揮作用。

7運用精神力量以及其他潛藏的力量時，第一個問題就是要清楚自己真正想要的或是真正想要做到的事情；當你解答了這個問題之後，就要把你的答案銘刻在心，讓你的心靈每時每刻都能看得到它。但事實上大多數人並不知道他們真正想要的是什麼。他們可能會有含糊不清的願望，可卻沒有徹底弄清楚自己究竟最想要的是什麼，這也是造成他們失敗的原因之一。只要我們不能明確知道自己想要的，我們的力量就會分散，而一旦力量分散，我們就一定會遭遇失敗。

8不過當我們瞭解了自己真正想要的，並運用所有力量和精力達到這個目標，我們就完全可以高枕無憂了，因為我們一定會成功。我們支配著精神力量、意願的力量、思想活動的力量、欲望的力量還有渴望的力量，這所有的力量加在一起來共同為我們想要達成的某一件事情努力，那麼就沒有我們實現不了的目標。

9為了進一步地闡釋這一點，我們可以假設你已經胸懷一個鴻大的夢想，並日日夜夜，毫不懈怠地傾注你所有的精神力量。那麼最後一定是你漸漸地能確保把你所有的力量都集中到實現目標這件事上來了，在不久的將來，你的能力就能被充分運用來實現你的夢想了。

10不妨再假設你只是如凡夫俗子似的行走世間。假如，你仔細思考了自己的理想，你就會明白要去追尋自己的夢想就必須選擇另一條道路。然後就開始以另一種方式支配你自己的力量了。不久之後，你又會領悟到原來還有另一個方式達成你的願望，於是你又換了支配力量的方式。那麼接下來會怎樣呢？很有可能是：你有了三個很好的開始，可在你成功之前，你卻無一例外地選擇了半途而廢。

11可是世間卻有太多的有才幹的人周而復始地犯著相同的錯誤。他們總是不能持之以恆地追求自己的夢想；他們對精神力量的支配總是三心二意，朝令夕改。

他們不能堅持長時間地以一種方式追求理想，所以他們不可能獲得成功。還有些人大部分的精力都專注於理想，他們最後也確實獲得了成功，可是他們還是會偶爾留意芝麻瑣事。這些人僅僅有效地利用了自身的一部分力量而已。而其他的力量則付諸東流，被浪費在一些雜七雜八的小事之上。

12當今社會到處都追求效率，想要佔得一席之位的人要達成自己的目標，不可浪費哪怕微不足道的一點力量和精力。他們必須要一如既往地朝著一個方向努力，因此要抵制住誘惑，不可分心哪怕一刻。

13如果你有一個夢想，那就要時時刻刻想著它。時刻銘記你的這個夢想，要毫不猶豫地昇華你的夢想。你的目標越是遠大，你所獲得的成功就越是輝煌。但這並不意味著你就能如你所願完全達成你的至高目標；事實上，那些眼光短淺的人往往會發現自己連眼前的目標都不能達成，而那些高瞻遠矚的人則能實現自己的遠大夢想，就算不能完全實現，至少也能滿足他們最初的心願。

14實現夢想的關鍵是要將巨大的精神力量傾注在你自己最想要實現的夢想之中。所以首先就是要將自身所有的力量和思想灌注到你的既定目標中，接著就要每時每刻地監督自己的思考，不要受環境和條件因素的影響。

15第二點就是要有一個積極的心態。當我們想要得到某些東西時，或者當我們想到某些自己想要得到的東西的時候，我們一定要覺察到我們的心態是積極還是消極的。為了回答這個問題，我們就必須要想起每個積極的行動總是會朝能獲得重視的方向努力，而消極的行動則會一味地退縮。在積極的行動中，你會感到你渾身所有力量都受到驅動，換句話說，積極的心態使你體驗到一種膨脹、延伸了的意識狀態。積極的心態也能在堅決果斷的神經系統中展現出來。當每根神經都繃緊的時候，那麼你也就處於積極的心理狀態中，不管你當時正在從事什麼，你都一定會得償所願。當你心態樂觀積極的時候，你就永遠都不會緊張或感到煩惱，也永遠不會為某事焦慮或是傷神；你的心態越是積極，你就越平靜，對自身的支配就越是得心應手。一個積極向上的人不會像個無頭蒼蠅那樣的到處亂撞，他們一定會冷靜地判斷，並做出合適的應對，一個心如止水的人能隨機應變，他們往往能傾注自身所有精力，讓渾身每根神經在任何情況下都繃緊，為未來的成功做好準備。

16樂觀積極的心態是和諧的，而消極的則是混亂的，所以消極的心態總是會讓人們失去很多力量。積極意味著聚積力量，意味著能很好地支配自身的力量，直到那個合適時刻的到來；在行動時，積極的心態也使你能自如地運用積聚的力量。在積極的人眼裡，所有的心理活動都很和諧，都在為同一個目標做著努力，而在消極的人看來，一樣的行為卻四分五裂，使人焦慮而緊張，他們到處亂撞，也許有時候向著正確的方向，但多數時候他們迷失了方向。

17所以，一個人有可能注定成功，但也同樣有可能注定失敗。分散的精力只能導致失敗，而在積極的心態下利用自身精力就一定會獲得成功。一顆積極的心靈就像是一條湍流不息的河流，在流動的過程中不斷吸納許許多多支流，於是變得越來越壯觀，越來越洶湧澎湃。在達到目的地之前，它會不斷積聚力量，變得愈來愈強大。而消極的心態則是一條流得越遠，分流得越多的河流，當它達到目的地時，不是彙聚成波濤澎湃的壯觀河流，而是早就分成了上百條細小的支流。為了培養積極的心態，就有必要培養一些樂觀的品質。要記住一點，務必要全力關注自己究竟想要得到的是什麼，堅定果斷又要冷靜客觀地關注這一點。努力深入你的夢想，直到你覺得彷彿自己體內所有力量都在發揮作用，不是在表面，而是發自內心地這般感受。當你培養出這樣的態度，你就會越來越積極，最後你會切實感受到自己已然積聚了力量和名望。而且其作用不僅僅是你自己發覺越來越能揮灑自如地運用自己的才能和天賦，而且別人也能明顯地看到你的變化。因此，那些正在招賢納士的人們會發現你是個不可多得的人才，有能力勝任他們提供的工作。

18我們可以看到，積極的心態不僅僅能讓你更加自如地運用自身的力量，同時也造就了你的個性，讓你在與別人競爭時有更多的優勢。我們的世界不歡迎消極的處事態度，因為這樣的性格看上去脆弱且一無是處，往往會被人忽視，誰都會被樂觀積極的人深深吸引；積極的人總是更佔優勢。這是至真的道理，因為積極的個性讓人能更好地利用自己的力量，因此他們在開始行動的時候效率就要比一般人更高。

19如何更好地利用精神力量，第三點在於要讓每一個行為都有建設性，有建設性的心理活動是建立在強烈的發展、提高、成功的願望之上的—簡而言之，就是要變得越來越強大，做的事情要越來越有價值。如果你每次的心理活動都有這樣的感受，那麼不久之後建設性的思考就會成為你的後天天賦了；也就是說，你思考的所有力量都將更具創造性，並將如你所願地協助你達成你的夢想。

20要不斷地期望自己變得更富創造性，並且要不斷強化這種願望，這樣你身體裡的每個細胞都會想要變得更強大、更高效、更有能力。在這一點上最有效的實踐的就是要在你進行真正的思考時擴大你的思考廣度。這個實踐將會讓你在思考中有質的飛躍。另一個實踐就是將更多的渴望注入到你每一個思考活動當中去。人的渴望是沒有極限的，我們可以擁有無限的渴望，但不可能擁有太多有真正建設性的渴望。如果你有非常強烈的渴望，並且非常明確地向那個方向努力的話，那麼每個思考活動，每個性格表現、每次才能的發揮都將非常具有建設性；也就是說，你的渴望心將刺激你所有的行為都為實現這個夢想而努力。

21所以在如何利用精神力量這個問題上，以上三點都要全面而持續地貫徹。第一，要掌握精神力量和思想的力量，要全神貫注地思考你的目標。第二，讓自己每一次的心理活動都要絕對的積極。第三，讓自己的思考更具創造性，要不斷激勵自己得到更好的發展，獲得更大的成就，得到更好的機遇。當你得到這三者的時候，就要開始有效地運用你的所有力量。你會開始踏實地前進，也會不斷地翻新成績。你的思考就會成為上文曾經提到過的那條湍流不息的河流，在流動的過程中它將不斷積聚氣勢以及力量，直到最後它足夠洶湧澎湃，再也不會受到任何阻礙，這樣的氣勢讓你無所不能。

22為了能夠以最有效的方式實踐以上的三點，這裡告訴讀者們一些你們必須要避免的盲點。避免強硬、咄咄逼人、剛愎自用的態度，不要讓你的神經過於緊繃，除非你已經能很好地控制它。不要嘗試以任何的方式支配或影響他人。很少有人能這樣取得成功，要是你想要以這樣的方式成功，那麼即便獲得了成功，那也是曇花一現而已；而且這樣的方式會讓你的心態愈加脆弱。

23不要把你的思考想法施加於他人，而是要獨自運用，這才會讓你更加強大，更加積極、更有才能、更有效率，當你以這樣的方式發展自身，成功會不請自到。只有一種合理影響他人的方式，那就是為他們提供一些建議，不過前提是你無意影響他們。你只是單純地想要告訴他們一些知識和資訊。這樣做，你雖然完全沒有這個意圖，但你卻實實在在地影響了他們。

24有很多人在發現自身潛藏著如此巨大的力量之後就妄下結論，認為他們能以某種神奇的方式透過內心的力量影響環境，然而這樣的努力完全是徒勞，只是浪費自己的精力而已，要想支配環境就要掌控你自己的力量，讓自己變得更加強大，當你變得愈加強大，愈加自信的時候，你就會自然而然地改善所處的環境了。關於這一點，我們應該相信一句中國人的古話：物以類聚，人以群分。如果你想要自己的環境優越一些，那麼就讓自己更優秀一些。如果你想要實現夢想，那就讓自己更完美。如果你想要結交更出色的朋友，那首先讓你自己成為一個出色的朋友。如果你想要一路平坦，那首先要磨平你性格上的楞楞角角。如果你想要擁有更舒適的條件，那首先讓你自己變得招人喜愛。簡而言之，不管你想要得到什麼，首先在自己身上發掘出這樣的品質，然後你才能在外界找到你與你鍥合的條件和環境。

25但要是想要從這個方面提高你自己，就必須要為了這個目標充分運用你的所有力量。這力量你一點也浪費不起，而思考些無用的瑣事而濫用自己的精神力量就是一種浪費。不可讓思考紊亂，避免像生氣、仇恨、惡意、嫉妒、報復、消沉、沮喪、失望、擔憂、恐懼等等這樣的情緒波動。不可與他人敵對，不可堅持謬誤，亦不可嘗試報復他人。善用你的天賦和才能，這樣你才有可能得到最好的。即便別人佔了你的便宜，你也不要報復他們。你的力量是用來提高你自己的，這樣你才能越來越出色，才能在競爭中勝人一籌。

26那些想要佔你便宜的人很快就會被你甩到身後的。要記住，那些沒有善待你或者別人的人就是在濫用自己的思考。所以他們的力量會不斷削弱，最後遭遇失敗；同時，如果你善用自己的力量，你就不僅僅只是獲得更強大的力量，不久更是會得到質的飛躍。你會不斷地累積，而那些濫用力量的人則只會不斷失去。這就是你如何獲得成功，在非議和反對聲中獲得輝煌的成功的密祕。

27有許多人都以為可以透過阻止別人成功來讓自己獲得成功，其實這是世間最荒謬的想法之一了。如果你想要在能力允許的範圍內取得較大成功，那就要以一個積極的心態看待別人的成功，因為這不僅能讓你培養對於成功的正確態度，促使你理解真正的成功，也會拓寬你的視野，讓你對所謂的成功有更全面更真切的認識。如果你試圖阻止別人取得成功，那你的這種態度就很危險了，早晚會影響到別人，而如果你對別人取得的成就坦然看待，保持平和的心態，這樣你就能為醞釀成功累積力量了。

28關於這一點，我們不妨問一問那些成功人士他們能夠成功的原因，問問他們為何有那麼多人能成功，卻又有那麼多人慘遭徹底的失敗。這些問題一定困擾了大多數人，他們可能會給出花樣百出的答案，可只有一個答案是最鍥合的。那些人一次又一次遭遇失敗是因為他們的思考總是處於消極的狀態，而且又總是容易進入盲點。如果精神力量不是向著一個明確的目標並以積極而富有創造性的方式為人們所利用的話，那麼人們就不能走向成功。如果你的思考狀態不是積極，而是消極的話，消極的思考總是會隨波逐流。

29我們必須要銘記一點，我們所處的環境千變萬化，有些是有利於我們的，而有些則不是，我們要不就堅持自己的方式生存，否則就只能隨波逐流了。但畢竟大多數人的生存方式都過於平凡。所以，如果你跟隨著他們，你就只能耽於平庸，你的夢想也注定是失敗。

30當我們審視那些失敗者的心理時，我們會發現他們無一例外的都持消極的處事態度，遊手好閒，漫無目的地活著。他們的力量七零八落，他們毫無個性可言，整日消沉。他們的神情總是飄忽不定，這說明他們已然迷失了方向。他們的內心世界裡積極、果敢的天性已經蕩然無存。他們沒有付諸具體的行動，只是一味地仰仗命運和環境。他們總是隨波逐流，終歸只是一事無成。可這並不意味著他們天生就是如此；事實上，他們的思考世界裡也充滿了無限的可能。問題在於這些可能性都潛藏著，他們並沒有真正地開啟，讓這些可能性都成為現實。

31不過這些人如果馬上執行我之前提到的那三點，風水自會輪流轉。他們將不再隨波逐流，會開始全新的人生，擁有全新的環境，命運也會從此改變。關於這一點你務必銘記一點，那就是消極的人或是迂腐的思考不會吸引那些能給你帶來幫助的人或事。你越是隨波逐流，你就會遇到更多和你一樣隨波逐流的人。而當你開始新的生活，改變消極心態的時候，你就會開始遇到越來越多積極的人，你的生活環境也會越來越精彩。

32這就解釋了為什麼人們說「上帝總是會幫助那些能夠自救的人呢」。當你開始自救，也就是最充分地利用你的力量，那麼周邊的環境就會越來越對你有利。換言之，富於創新力的力量會互相吸引；積極的力量同樣會互相吸引。成長的思考將能吸引能促進其發展的力量，而堅定發展自身的人會發現周圍的環境越來越有利於讓他們有機會發掘自身的潛力。這條法則不僅適用於外在世界，更適用於人們的內心世界。

33當你開始積極而堅定地利用你自身力量的時候，那你就已然處於積極的行動狀態中了，你將潛在的力量注入到行動中，堅持這樣以後，你就會發現自己已然在內心世界累積了更多的力量、更高的能力，最終你會成為一個精神上的巨人。要是你變得更有能力，更多更好的機遇就會不請自來了，這些機遇中不僅有能讓你獲得物質方面成功的，更有能讓你累積能力和才幹的。你也可以把這條法則叫做「一事成則事事成」或者「馬太效應」。要知道並不一定一開始就要佔有。不過你必須要自一開始就擁有豐富的精神財富；也就是說，只有先激發你自身的潛力，你才能朝著某一個目標積極地運用你的潛力。

34那些能控制自己思考的人已然很富有了，他擁有足夠的財富來躋身富人之列。他已經成功了，而如果他能堅持，他早晚能在外面的物質世界獲得成功。所以我們可以認為精神財富能帶來物質上的富有。這是永恆的真理，世界上誰都能適用這一個法則。

35而有那麼多人失敗的原因在於他們沒有充分並有創新地運用自身的力量和才能；而那麼多人只是獲得一星半點成功的原因在於他們只恰當運用了一部分的力量。而那些真正懂得如何充分而恰當利用自身力量的人們無一例外地會執行上文提到的那三點內容。那些真正的成功人士在於他們能夠依照這三點合理地利用自身大部分的潛能，當他們這麼做的時候，他們就絕沒有可能不能取得成功。

36有時候我們會遇到這樣一些人，他們資質平庸，卻成就斐然。我們也會遇到恰恰與他們相反的人，這些人很有才華，事業卻不如意，或者止步於一點點小小的成功。一開始我們會覺得這樣的事情有些蹊蹺，百思不得其解，但當我們瞭解了成功以及失敗的過程之後，這其中的原因就呼之欲出了。那些資質平庸的人，倘若他們遵從上文的那關於恰當利用精神力量的三點內容，那麼他們的成功就不難理解了，而這些人能力越強，相對應的，他們所取得的成就就越大。而那些才華橫溢卻沒有執行那三點的人就理所當然會失敗了。

37為實現目標對精神力量積極而有創新性的利用，毫無疑問會帶來成功、進步。然而如果我們想要更為充分地利用自身潛力的時候，那就要更加深入到思考活動當中去了。而且除了恰當運用精神力量，我們還必須學會更充分地利用它，這裡是指能恰當而充分地利用所有思考，內心世界和力量的核心以及一般的心理活動及力量，而對此除了要瞭解意識還很有必要瞭解無意識。

★第四章　潛意識的力量

1在運用內心力量的方面，思考、希望或渴望進行得越深刻，結果就越好。總之，所有精神的行為想要有力量並有效率，就一定要是潛意識的；這就是說，要發生在潛在的精神領域裡，就像劃歸到已經做完事情的領域中。在心靈表層的力量可能因為外界的影響會發生變化，偏離路線，初衷也因此改變了。但在潛意識下這種情況決不會發生。進入潛意識的任何事物都會一直持續下去直到完成，而不論外在環境是什麼樣子；也會有這樣的困難，就是當這些趨勢處於完全被動的地位，它們就會改變。

2這非常重要，因此我們不會允許任何我們不希望去鼓勵和昇華的事物在潛意識流中採取行動；因為同樣的原因，我們也會允許那些我們希望去鼓勵和昇華的事物在潛意識流中採取行動。然而，這些潛意識流，只能透過潛意識來發揮作用，並且被潛意識控制。因此，如果我們想要全部心靈的力量，產生所希望的最好的可能的結果。我們就必須理解並運用潛意識的力量。

3在定義潛意識心靈時，首先必須指出，它不是一個單獨的心靈。我們並沒有兩個心靈。人類只有一個心靈，但它有兩方面—意識和潛意識。我們可以將意識定義為精神的表層，而潛意識則定義為底層。潛意識也可以被定義成滲透在客觀人格中的一個廣闊的領域，從而不斷地填補每一個微量的個性。

4隨著科學研究的不斷進步，我們將距離真相越來越近，然而，我們是否認為潛意識作為一個精細的精神動力，具有獨特的力量，功能和可能性，或者是一個生命、力量、能量的巨大的精神海洋，而這力量與能力卻從未被衡量過。意識是在表層的，每當精神行動透過表面的思想，意志和願望表現出來，我們就會透過意識行動，但每當我們進入更深層的精神活動時，並探查這一基本精神的生活巨大深處時，我們觸及到了潛意識，但我們必須記住，我們不能忘記讓我們意識到的每次觸及的潛意識，因為兩者是密不可分的一體。

5心靈的兩個方面是相關的，可以將意識比作一個海綿，潛意識比作一塊吸了水的海綿，這就可以清楚地說明他們的關係。我們知道海綿的每根纖維都與水有聯繫，同樣的道理，像人格的每個細小神經一樣，意識的每個部分都與潛意識有聯繫，而且不斷地被生命以及潛意識的力量所灌注。

6經常被提到的一點是，潛意識佔據了空間第四維，雖然說那是一個不能被確切展示的事物，然而，就像第四維這件事一樣，我們對潛意識的性質研究得越多，越多的東西使我們相信是前者佔據了後者的空間。然而，這僅是保有哲學探索興趣的一件事。就其實際價值來說，潛意識是否佔據第四維或其他空間維度並沒有什麼區別。

7為了理解潛意識，最好首先熟悉自己的自然功能，從而使我們確信我們並不能處理一些超出正常的心理行為情況的這一事實。

8潛意識控制著所有自然的身體行為，包括循環，呼吸，消化，吸收，物理修復等。他還控制著所有身體的自發行為，以及那些並不需要意念來導航的自然的心靈與身體的動作。潛意識長期的特點、特性、和品質是個人、物種和種族所特有的。所謂遺傳因此是完全下意識的進程。同樣這也是所謂第二本性的真相。

9無論如何，任何事如果被大量的重複那就將變成習慣，將會變成第二本性，或者倒不如說是潛意識行為。這種情況時常發生，然而，不必重複有意的行為也可能會變成潛意識的行為，並因此幾乎立刻就會變為第二本性。

10當我們檢視潛意識的本質時，我們發現它與意識所期望的幾乎所有事物或直接或間接地都有所回應，即使意識有時候經常需要在確定期望的反應是安全的之前就表達其建立在潛意識上的願望。潛意識是最聽話的僕人，以至於在精神領域我們根本找不到一件事物是它不願意或不能做的。不管這件事對我們是否有利。

11在這方面，有趣的是得知有一些事情在人類系統中通常被看成自然和必然，那些實際是在過去由被誤導的潛意識產生的結果。我們經常說人類的弱點是天生的，但是弱點決不是天生的。雖然不完美的潛意識訓練結果總是會出現。本性絕對不會錯，本性是對的，原因很簡單。每個正確的行動都與自然法則相和諧，同時每個錯誤的舉動都是違反自然法則的。它也一直指出，老齡化進程是自然的，但現代科學已經展示了人的年齡是六十、七十、八十並不是自然的。

12事實是，一般人的確在這個時期或更早一點就出現了這些情況，這只是證明了潛意識透過幾代的訓練就已經產生了老年就是六十、七十、八十、九十的概念，當然具體年齡視情況而定，不過潛意識總是按照它被訓練過的方式來行事。

13然而，有的人在九十歲時可以很容易地被訓練出能提供更多的體力和更大的精神力，甚至比我們在三、四十歲時擁有的還更多。還有一個一百歲的人透過訓練說不定可以和最健康的二十歲男女有一樣強健的體魄。

14事實上，人類的心靈、性格、人格所表現出的每種條件反射，都是在過去的世代中，潛意識所針對而成的結果。因此，證據是潛意識針對在心靈、性格、人格中產生不同的條件反射，這些條件反射與人類的發展非常的和諧，而這些條件反射也將在種族中長期的存在。因此，我們知道了一個新的種族、高級的種族是怎樣在這個星球上誕生的了。

15有很多人被他們從父母身上遺傳了某種特殊的性格或疾病這件事所困擾，但是他們在這一方向到底繼承了什麼只是潛意識傾向，這種傾向絕對是可以被改變的。我們從父母那裡遺傳的可以完全的被抹掉以至於沒有人會知道那曾經存在過。就像舉止，我們遺傳自父母的舉止，在好的品質下能夠很果斷的提高，以至於任何在這種關係下父母與孩子的相似處都可以完全消失。

16潛意識總是主動準備好勝任做我們可能希望的任何能使我們身體和精神更好的改變，雖然它並不能以奇蹟般的方式工作，也不能經常性的瞬間產生結果。在大多數情況下其行動是漸進的，但如果繼續進行適當的訓練，他們也總是能產生結果的。潛意識將與意識的指示回應，只要這些指示不干預絕對的自然法則。潛意識永遠不會違背自然法則，它有足夠的力量去運用自然法則來保護改進的興趣。

17如果你持續的渴求擁有強健的身體，並全心希望潛意識為你構建一副更強壯的身體，你將會發現這將逐步並最終完成。在身體力量方面將有持續的改善。如果你持續的渴求在特定領域興趣上得到更大的能力並希望潛意識在這一領域產生出更大的精神動力，你的能力也將如預期地增加，但你必須在這方面要堅持不懈，鍥而不捨。僅僅在這些事情上保持幾天的熱情是遠遠不夠的。只有我們夜以繼日地堅持這些規則，我們才能得到結果，這個結果不僅只是我們希望的，甚至會遠遠超出我們的意外。

18在潛意識中，一切事物都由一種必然的增加趨勢。每當把一種印象或是欲望放入潛意識中，它都有一種變大的趨勢，因此當進入潛意識後，壞的會變得更糟，好的會變得更優秀。然而，我們有能力將壞的排除在外，使好的進入這一巨大的領域。

19每當你說你累了並讓這種感覺沉入到潛意識中，你幾乎立刻就會感覺到更加疲倦。每當你感覺生病了並讓這種感覺沉入到潛意識中，你總是感到情況變得更糟。同樣，在你虛弱、傷心、失望、沮喪時也是這樣。相反，當你感覺開心、強壯、不懈、堅定時，讓這些感覺進入潛意識中，我們總是會覺得更好。因此果斷地拒絕讓那些不可取的感覺進去是非常重要的。每當我們對任何感覺讓步時，它就會變成潛意識，如果這感覺是壞的，它就會變得更糟；但只要我們將不可取的感覺排除在外，我們就能戰勝這種不好的感覺。

20我們絕不應該向疾病讓步，當然這不意味著當我們不舒服時還要繼續像平時那樣努力工作，或者讓身體繼續處在平常的活動狀態。當我們覺得需要時，我們應該讓自己徹底放鬆下來，但我們絕不應該屈服於疾病的感覺。休息可以幫助身體休養生息，並且它可以確實地讓疾病威脅消失。當你感覺累了或失望時，不去承認它，而是立刻將注意力轉向一些特別有趣的事情—那些將完全將你的心情轉向愉悅、渴求或理想的事情。堅持去感覺你想要感覺的事情並只讓有益健康的感覺進入潛意識。因此有益健康的感覺將生存並成長，過一段時間之後，你將一直感覺很有精力以至於任何時候你都可以將不利的感覺拋擲腦後。

21在疾病方面，潛意識有著驚人的力量。在很多的例子中，生存和死亡的力量是幾乎平衡的。哪一個將會獲勝取決於病人的態度。如果他或她將心靈和意願交托到生存力量的這一邊，這些力量將很有可能勝利，但如果允許心靈和死亡一起起舞，那死亡的力量絕對會贏。只要一個人仍然繼續堅持著生存，完全拒絕屈服於死亡，他們就能運用生存這邊全部心靈、思想和意願的力量。從而增加生命的力量，並增加足夠的力量來戰勝死亡。我們再一次提出在這一時期人究竟能多少次戰勝死亡還是個問題，但有個事實仍然存在，那就是在絕大多數情況下這一時期不斷的可以拯救生命；在進一步思考這個問題之後，所有人都會承認大多數是非常龐大的。

22因此，這是一個在病房中最值得注意的辦法。誰都不應該被放任去死，直到用完了所有延長生命的辦法，這最後一個方法將完全遠遠超過我們大多數人可能期望的那樣；它的祕密是在這樣一個事實中發現的，那就是每當我們屈服於某種條件反射或行動，它就變得更強，完全應該歸因於潛意識那種無論收到什麼都要增大、增多、放大的那種傾向。向死亡屈服，潛意識就會增大死亡的力量。向生命投靠，潛意識就會增大你生命的能量，你就將繼續活下去。

23引導潛意識的方向，唯一需要做的就是渴求你想要的，讓這些想法既深刻又持續，以使之成為潛意識中的積極力量。當你感到你想要某樣東西，服從這種感覺並讓這種感覺積極介入。同樣道理，服從你的雄心以及一切你想要實現的願望。讓那些你想要增加某些東西的想法進入到你的思想體系中去，因為只要進入你的體系，這潛意識就會著手發展、運作並表達。

24在運用潛意識時，我們應該記住我們並不是在用一種與一般生活分開的東西。科學運用潛意識的人與不這麼做的人之間的不同之處就在於後者只是利用了內心的一小部分，而前者則用了他們全部的內心。這解釋了為什麼那些利用潛意識智慧的人有更好的工作技能，更大的能力，更持久的耐力。結果使他們有的時候能做兩三個人的工作量，而且還幹得非常完美。因此為了實際用途而訓練潛意識就成為了一個常識問題。當你可以訓練整個精神領域時，當然會拒絕僅僅去訓練精神領域的一個小角落。

★第五章 訓練你的潛意識

1要持之以恆並有目的地訓練潛意識思考，我們就必須要遵從以下法則：潛意識支配著印象、建議、欲望、期望，甚至也指引著意識思考的思考方向，當然前提是意識和潛意識達成了某種共鳴。因此其中的奧密就在於思考的兩種形態，即有意識思考和潛意識思考達成了共鳴，只有這個時候思考的方向才能被具體確立下來；而要讓有意識與潛意識這兩種思考型態達成共鳴就必須要讓有意識思考完全滲透到你內心世界當中去；也就是說，你會感受自己彷彿不是生活在地球表面上，而是已經到整個宇宙中去了。與此同時，你還應當保持冷靜的頭腦，泰然自若地面對一切；並且還要意識到你已然發掘出來自身盡善盡美的那一面，那不僅僅是膚淺的表面，而是更深的層次了。

2你若是想要把保持身體健康的願望融入到自身的潛意識當中去，那你首先就要在腦海裡對你所希望得到的健康狀態形成一個清晰的概念。努力用心靈的眼睛看清並理解這個概念，接著還要盡你所能地在潛意識中感受這個概念的具體內涵，當你切身體會到了其深刻的涵義，就能讓你的思想深入到那片寧靜、神聖的心靈世界裡，在那裡你將能感受到完整和健康的精神內涵，因為它已經融入到你身體的每個細胞中了。

3簡而言之，就是要努力在自己的腦海中構建健康的完整概念，並讓這個概念融入到你全身。無論你何時感覺疾病正侵蝕你的生命，都可以用這個方法，在疾病萌芽的階段就徹底剷除病患的威脅。因為如果你把保持健康身體的願望融入到了潛意識思考當中，那健康的能量就將很快從內而外地發揮出來，換言之，一點身體系統的紊亂或者微不足道的小病都可能導致一場生命的劫難。

4一定要始終銘記住一點，那就是一切融入到潛意識思考中的思想都會很快在潛意識裡表現出來，這就形成了所謂的個性；而你想要改善身體狀況也會有所好轉，巨大的潛意識力量隨時都能被喚起來重建秩序，並使之重新達到和諧完善的狀態。

5如果你想要改善的狀況卻一直不見好轉，那麼你就要花費更多的努力來讓潛意識能量發揮其功能了。不過有一件事是顯然的，那就是只要你持之以恆地引導自己的潛意識思考努力改善現有的狀況，那你就很有可能達成目標。

6潛意識的力量不可估量，不僅能夠改善生理和心理的不佳狀態，還能為我們實現理想創造更好的條件，同時發展既有的良好條件。為了能達成你的目標，你務必要遵行一定的規則，即要從心底裡渴求那些你真正想要得到的東西，並要在頭腦裡對你追求的理想有非常清晰的認識。

7為了實現生理和心理方面的理想追求，在引導自身潛意識思考時，還要不斷提高其水準，要知道，當我們全力以赴想要更好地完成工作時，我們在潛意識中就會自然而然地以最佳狀態進行工作了。如果我們想要保持身體健康，就應該在潛意識中更加重視個人的健康情況。如果我們想要獲得力量，那在潛意識裡就不要只是追求得到一部分力量，而是追求獲得越來越多的力量。從這個角度來講，我們應該一開始就要有目的地做出努力。

8如果我們努力訓練自己的潛意識思考，那麼我們就能比預料中的更快地看到努力之後的成果。同時，我們還應該坦然面對失意和挫折，如果我們的理想是要從此刻開始腳踏實地地取得更大的進步，那首先就要學會把握一點點小小的進步，接著才會有更大的進步，直到最終我們實現最遠大的目標。即使你身上存在一些你並不喜歡的個性，你也不要想方設法地改變它們。

9不管我們思考的內容是什麼，只要有深度和廣度，潛意識思考都將對這內容進行更深入的研究。所以，如果我們總是不能放下曾經的失敗、自身的缺點或是惡習，那麼在你的潛意識裡就會對這些不好的方面不斷加深印象，甚至比之過去，這些失敗、缺陷和惡習對你的影響更加顯著了。如果我說我們的天性裡存在一些需要改善的個性，那我們只需在腦海中想像我們想要得到那種個性，接著就徹底忘掉我們想要戒除的習慣和缺點等。當優秀的那一方面得到發展後，不足的那個方面就會漸漸消失了。當你構築起善的堡壘，惡的陰影就會被消除，將徹底地被善的一面改變或侵佔。

10潛意識能夠提高一個人的能力和才幹，這是不容置疑的事實。一旦潛意識思考被開啟，心理力量和工作能力都會隨著提高到一定的層次，於是，他看上去就彷彿是擁有了超能力一般。我們都曾經聽說過有些人之所以能功成名就就在於他們發掘出了自身巨大的潛力，這種潛力遠遠超越了他們自身的局限；潛意識的巨大力量要由積極、果斷的行動發掘出來。然而這並不是特例。

11在任何環境下，每個人都是有能力提高他們的思考能力，他們也能用同樣巨大的力量支配自己的思考、掌握自己的未來；也就是說，他們自身的潛在力量愈發強大，事實上，無論條件是否凶險，是否挫折重重，他們都已經在一步一步靠近自己的目標了。

12無論我們想要做的是什麼，都應該激發潛意識的巨大力量，這一點是毋庸置疑的。只有當我們開始激發有意識思考和潛意識思考兩種思考形式的時候，生活才能日臻完善。無論未來什麼時候我們要著手工作，切記要掌握住你潛意識的巨大力量，這樣你才能在某個特定的時候提高自己的能力和才華，到了那個時候，你就期待著夢想成真的一天吧。

13如果你想要在某項研究或是工作中某個新計畫得到新的啟發，那就要指引你的潛意識努力尋找這樣的啟示，最終你總會得償所願的倘若你成功指引了潛意識的思考方向，潛意識就會朝著理想的方向進行思考在這個方面，我們還應該記住一句話，雖然我們僅僅利用有意識思考可能會在期待啟示的過程中遭受挫敗，但要是我們同時運用潛意識的力量，那實現目標就會變成順理成章的事了，這是因為此時整個思考體系都愈加強大，它此時要比這個系統中某一個單獨的部分更有能力，更加敏銳。

14倘若我們的需求很是迫切，同時我們的感受也異常深刻時，潛意識就越能積極地回應這種需求。如果你想要達成某個目標，就要認定自己一定能做到，並將所有的精力都投入到實現這個目標中去。

15只要下定了決心要做到的事情，你就一定能從某種途徑獲得你需要的力量。確實有這樣的事例發生，有些人好像擁有某種神奇的力量，並依靠這力量獲得了成功，可是他們成功的原因其實是因為—他們不得不做這些事，不論他們要做的是什麼，潛意識思考就一定會賜予他們力量。這是因為一個人感覺到自己不得不做某件事情的時候，願望就會變得異常強烈，感受也會異常深刻，這時候他們就能將所有的力量納入到潛意識當中，於是他們便能充分地運用自身潛在的巨大力量了。

16如果你胸懷鴻鵠之志，並志在實現，那就每一天都引導你的潛意識思考，連睡覺之前也不要忘記引導自己的潛意識思考，這樣你總會找到解決問題的辦法；如果你足夠堅毅果斷，那麼，一切都會水到渠成。不過在這裡我再一次強調必須要關注自己所追求的那一個固定的目標。如果你的思考渙散，時不時地就要見異思遷，那樣你的潛意識思考就會跟著混亂，你便無從獲知解決問題的辦法了。

17讓你的志向和抱負融入到生活當中去，並時時刻刻都要努力感受遠大志向帶來的巨大能量。如果你真正做到了這一點，那你總有一天會實現夢想。你無需擔心這一點，誰也不用因為擔憂未來而一籌莫展，因為如果他們真正瞭解了自己的理想，並努力向實現理想的方向引導自己的潛意識；他們就一定能獲知成功的方法，一定能提高自身的能力，並能獲得成功需要的所有必要條件。

18如果你想解放自我，那就在潛意識裡尋找相應的資訊以及達到這個目標的方法。相信潛意識可以做到我們都曾聽說過的那句話「有志者事竟成」，因為當你想要做成一件事情，內心的力量就會越發深刻，越發強大，換句話講，你將能運用整個思考中的巨大力量來實現你的目標。當你全神貫注於工作，充分運用有意識和潛意識兩種思考形式的時候，你總是能找到期望中的成功方法的。

19如果你想要充分地發揮自己的才華，那每天都要盡可能多地引導潛意識思考來增加那項才能，使之更強大，更出眾。如果你已經準備好了承擔某項工作，那就不要到已經在潛意識中對這項工作有了具體主張的時候才開始著手，我們要運用一種全新的工作方法，那就是「枕著新計畫入眠」，然後我們再做最後決定。

20當我們進入睡眠狀態的時候便能深入到潛意識思考力，在睡覺時形成的想法概念，尤其是那些引起我們特別關注的想法將被反覆咀嚼和探究，換句話說，在睡眠中，這些想法將會被全方位地審視考核。有時候當我們睡覺的時候，有必要在潛意識匯總反覆斟酌這些想法，而在每天清醒的時候同樣也要運用潛意識思考反覆進行思考，只要我們堅持實踐以上的作法，我們總會找到解決問題的答案的。

21人的思考系統，包括有意識思考和潛意識思考兩種思考形式，它們並不都具備解決可能出現的問題的力量，也不能提供解決問題的方法。可是無論何時何地，有一個真理是絕對錯不了，那就是「熟能生巧」。你越頻繁地訓練自己的潛意識思考來協助你完成工作，潛意識思考就越是容易回應你的引導，因此不管遇到的是什麼問題，潛意識思考應該被應用到實際行動中；換言之，就是要隨時隨地地實際應用你整個的思考系統，無論是有意識的還是潛意識的思考形式。

22要記住，是隨時隨地，而不僅僅是遇到重大問題或困難的時候。首先要從用心，用實際行動來認識潛意識開始。想一想，潛意識思考能執行你每一個交代的任務，並能替你徹底打消疑慮。不妨每天都花些時間來給你的潛意識一些暗示，讓其知曉你想要達成的目標。在這一點上你要絕對地虔誠；要有堅定的信念；要有無限的信心，這樣你一定能夢想成真；但是你不可在指引潛意識思考方向的時候使其混亂。在暗示自己的潛意識時，要始終保持冷靜和鎮定，而在每天睡覺前讓頭腦徹底平靜下來是尤其重要的。

23除非是你真的很想發展的事業或是要解決的問題，其他任何的想法、暗示或是期待都不要混雜進你的潛意識思考中去。我們應該記住的是，只有那些引起深刻感受的想法、期待或者思考的狀態才能進入潛意識中。即便沒有達成目標，也不要喪失信心。

24很多人失敗的原因就在於在指引思考的時候，有意識思考沒有能和潛意識思考恰當地接觸溝通，因此要獲得成功就必須一而再地努力，要更深入積極地思考，還要對理想更加執著。要準備足夠的時間來讓這些方法充分地發揮作用。有些方法也許馬上就能見效，可有些可能幾個月都看不到效果；可是無論是否能如你所願，你都要堅持每天引導自己的潛意識思考，還要信心滿滿地等待成功那天的到來。要堅定地朝著這個方向努力，同時也不可過分焦慮。

25務必牢記，每天都要給予潛意識思考專門的引導以促進思考能力穩步地提升。不要讓潛意識承擔過多的壓力，因為潛在的力量是不可預知的，而正如我們知道的那樣，其容量亦是無限的。你每次在引導或是訓練自己的潛意識思考時所付出的努力都會在一定的時間之後得到回報，但是前提是在你所有的思考活動中，都要堅持，沉著，保持冷靜的頭腦，調整和平衡好你的身心，內外兼修。

★第六章 客觀思考的力量

1對思考研究的首要方面就是要知道並不是所有思考都具有能量。在現代社會裡，人們深入細緻地研究了人類的思考，有許多人都得出了這樣的結論：每個思考本身就是一種力量，它們一定能讓人們達成他們的目標；這個想法並不準確，因為如果每個思考都擁有力量，那麼我們人類就不可能得以存活這麼久，畢竟大多數平凡人的思考都是混亂甚至是帶有破壞性的。

2當我們想要確定究竟哪些思考擁有能量，哪些是不具備能量的時候，就會發現兩個迥然不同的形式。我們將其中一種叫做客觀的思考，而另一個則是主觀的思考。客觀思考是大眾思想的結果，例如推理、調查、分析、研究還有記憶和構思的過程，客觀思考不受情感或者普通理解活動的制約。簡而言之，那些僅僅只是進行理解活動的思考活動都是屬於客觀思考範疇的，這種思考對於智力發展或是身體狀況毫無影響；也就是說，客觀思考並不會直接產生哪個思考成果。它並不會在很短的時間裡就影響你的健康或是你的幸福生活，也不會影響你的身體狀況或者心理狀態。然而從長遠角度來看，它可能會對以上這些方面產生影響，其中的原因是不能忽略的。

3客觀思考是一種思考模式，或者可以說它是一種擁有深刻感受的構思活動，它是一種心理領域的活動，它深入到行為內部暗暗潛流。客觀思考也是心理思考的同義詞。「如果一個人用心思考，他便就造就了真正的自我。」這句話中所指的思考狀態就是運用客觀思考進行思考的。

4客觀思考活動是由心理領域的核心區域發出的；也就是說，客觀思考始終是與生命中至關重要的那些元素息息相關。它與人們的感受緊密聯繫，是從思考的中心領域發出的活動。這裡所說的「中心」一詞與身體的中心器官，也就是心臟是沒有關係的。這裡的「中心」是取其抽象涵義。當我們說到一個城市的中心，就是指那座城市最主要的區域，或是指城市中經常舉辦大型活動的地區；與此類似的，思考的中心就是指思考系統中最重要的部分，或者是區別於淺顯思考的更深入的思考活動。

5因此，客觀思考作為思考的中心，是最深刻的心理活動的結果，所以每個客觀思考都是具有力量的。它能為你所利用，但也能違背你的意願；它有力量來直接對你的思考活動以及身體產生影響。具體的影響是由其自身決定的。可是所有的思考活動都會時不時地變為客觀思考。所有的思考都可以深入到思考中心區域，因此也就能直接決定其所結出的思想果實究竟是善的還是惡的。所以，所有的思考都應該更加科學；換言之，就是要設立一個明確的目標，然後根據這個目標設計思考形式，最後實現這個目標。所有的思考活動都應該根據正確的、有建設性的思考法則進行。雖然進行客觀思考活動也常常不能結出思想果實來，但還是有很多主觀思考轉化成客觀思考，而正是主觀思考決定了客觀思考活動的本質。

6因此每次思考時都應該有一個向好的方向發展的趨勢，有時候當這次的思考模式轉化為客觀思考時，就能如你所願地達成你的目的，也有可能其在接受主觀思考引導時能與主觀思考默鍥合作。在這一點上，我們應該要瞭解客觀思考往往是在潛意識中發生，而客觀和潛意識實際上就是指同一種思考；雖然當我們說到思考這個問題時，「客觀」一詞更適宜用來形容深刻、重要、生動的思考模式或是那種暗中進行的心理活動。

7至於科學思考的概念問題，你可以將其解釋為，當你的思考直接指向自己的目標，或是當你運用思考系統的所有力量來實現自己的夢想的時候，頭腦中所進行的思考就是科學思考。而如果你的思考指向不利於自身發展，或者自身心智慧力不能為你所利用，那麼這個時刻所形成的思考就是非科學思考。為了能進行科學的思考，第一步就是要向對你有利的方向思考，還要有一個樂觀的心理態度；第二步則是要讓你的想法盡量客觀。換言之，就是每次的思考都要恰當，每個思考過程都要是力量的展現。當每個思考過程都符合科學原則，都極盡客觀的時候，那這個思考就是力量的展現了。

8要積極地拒絕思考那些你不願擁有或者經歷的事情。只專注於你自己的追求，只期待自己理想的實現，不要讓你的生活中出現了不和諧的音符。切記，隨時隨地地將自己的夢想明確地牢記心間。任何的思考都不可是漫無目的的。每個沒有目標的思考過程都是對時間和精力的浪費，而擁有明確目標的思考就更容易達成目的，如果你所有的思考都有一個明確的目標，那麼就能充分地利用你全部的精神力量，而你也就能實現自己的夢想了。這樣，你總有一天會取得成功，因為你擁有足夠強大的力量來協助你實現理想，不過前提是所有的力量都能為你所用地向著一個方向努力。在科學思考過程中，思考的所有力量都能被直接地利用，並且能持之以恆地用來實現你的抱負和夢想。

9為了能夠更深入地解釋科學思考以及非科學思考的本質，可以從實際生活中借用幾個有名的理論。如果問題出現了，人們往往會說，「這是不可避免的」；雖然這麼說也是無可厚非的，可是你越是經常這麼說，你的思考就越是能得到這樣的暗示，即事情在大多數情況下都是要出問題的。如果你訓練自己的思考，不斷向其傳達這樣的資訊：問題的出現在所難免，但是你的想法直接影響精神力量的利用，於是利用思考時也就難免出錯；於是你的生活就出現越來越多的問題，因為你錯誤地利用了精神力量，你自身就會出現問題，而你一出問題，與你有關的一切就不可能步入正軌了。

10不少人都有杞人憂天的傾向。他們總是覺得災禍即將降臨；雖然他們表面看上去很樂觀，但在他們內心深處卻總是感到自己即將要遇到麻煩。結果他們就透過心理暗示人為地製造麻煩。如果你老是這樣「期待」問題的出現，精神力量就會朝有害的方向發展，最後甚至會造成毀滅性的結果。那些力量總是傾向於向你期望的那個方向發展。首先它們會混亂你的思考，在你的內心世界中製造不利的條件；但這種情況會反過來削弱你的才幹、推理能力以及判斷力，接著你就會犯很多錯誤；不停犯錯的人在很多甚至所有情況下都會遭遇最大的不幸。

11事情一旦出現了問題，就要祈禱不要再遭遇麻煩。把這個已經出現的問題看作是個特例。問題既然已經過去了，那就把它忘了吧。在這些情況下保持科學思考就要尋覓最佳機會，這樣就能集合各種力量和思考形式一起朝著好的方向努力了。讓你身上的每一分力量都將專注於一個更遠大更輝煌的理想，於是，你就會得到一個更好的結果，只要你全心全意地向更遠大的目標努力，一切就都是水到渠成的了。

12有些人習慣於說：「有些事情總是要出問題」；可我們為什麼不說：「有些事情總是很順利」呢？後者才應當是我們常常想到的，我們應該朝更有利於自己的方向努力。總是認為有些事情注定要出問題是不對的。當我們比較順利和麻煩兩種情況時，不難發現其實麻煩畢竟還是佔少數的。不過，這是我們竭力要避免的思想包袱，無論我們是否身陷麻煩。當你覺得有些事情總是會惹麻煩的時候，你的思考就會或多或少地關注這些麻煩，接著就會透過心理暗示在現實生活中真的製造這樣的麻煩；可如果你總是訓練自己讓自己相信有些事情一定會順利進行，那你的思考就會關注順利的情況，相應的在現實中就真的能讓一切都順利了。當你的思考習慣於向順利的方向思考，那就不僅僅能夠在其內部創造有利的條件，更改會讓所有的思考形式趨向順利進行的方向；這樣的思考習慣將會讓人們得到健康、幸福、力量以及許許多多的財富。

13平庸之輩總把「我老了」這句話放在嘴邊；因此他們就把所有的注意力都集中到自己覺得越來越老這件事情上來了。簡單說來，他們就會強迫自己相信他們正在逐漸衰老，甚至還會引導自己的思考能力愈來愈衰退。而我們更多地應該說的是「我要活得更久」。這樣的想法將會促進大腦更多地關注生命的持續，那樣你就能得到更多的力量，獲得更長久的生命了。當人們到了六七十歲的年紀，就會常常說起「我剩下的日子」，他們這是在暗示自己未來的日子不多了。這種想法會讓生命在短時間內就結束，相對應的，他們所有的精神力量都會為了加速結束他們的生命而運作。恰當的說法應當是「從現在開始」，這樣的人生才會永不謝幕，這樣的心靈才會青春永駐。

14我們常常聽別人說起，「我什麼事情都做不好了」，不難理解這樣的思考模式將會導致自己的思考不能全面地發揮其力量。如果你完全相信自己什麼事情也做不好，那麼現實中你就不可能做好任何事情，另一方面，如果你想的是，「我能夠做得越來越好」，這樣你自然就能激勵整個思考體系，於是你就真的能做得越來越出色了。

15我們還能舉出更多相似的說法來，但是我們都很熟悉這些說法，從上文列舉的那些說法裡，每個人都能明白無論我們的目標是什麼，想要做什麼事，這些想法或說法都是前進路上的絆腳石。在正確的思考方式中，思考的目的絕不在於傳達違背你的意願或是不利於你的想法。只需關注你想得到或實現的事情。如果麻煩在醞釀，那就想像得到更大的成功。如果災禍在所難免，那就不要再考慮災禍帶來的不幸，而是要想想你決心要實現的更遠大的理想。

16倘若遇到了麻煩，普通人往往會頭腦空白，不知所措。他們的心靈被恐懼佔據，他們身上沒有一項機能可以正常發揮其力量。在大多數情況下麻煩是不可避免的，因此人們多多少少會擔心麻煩早晚要找上門來；他們往往能在 定程度上得償所願，於是就想像自己理所當然地能實現所有的夢想。然而我們需要徹底改變這樣的想法。無論我們此時所處的環境怎樣，都應該在心裡堅定最初的夢想。也就是說，整個思考，包括其所有力量和功能都應該保持樂觀的態度，不管麻煩是否真的會到來，我們都應該只想著期待實現的那個遠大理想。簡而言之，我們應該將全副心思都傾注在實現理想上，我們絕不應該在前進的道路上左顧右盼。

17當我們全心全意專注於期待實現的夢想時，就會自然而然地培養所有的精神力量一同為這一理想而努力。因此我們必須有一個很好的開始來為自己贏得更輝煌的人生；要不了多久我們就會發現自己已然在全方面地發展。如果我們繼續保持，用不了多久就會能得到更快的發展了，如果我們沒有注意到生活裡可能會發生的各式各樣的麻煩的話，那這些問題哪怕一點也不會再影響或是打攪我們了。

18與科學思考有關的思考法則可以概括如下：你越是關注順利的事情，你所從事的每件事情就越是順利。你越是頻繁地考慮自己的目標，就能獲得更多的活力和力量來實現這個目標。越是關注自己的抱負和理想，那就能傾注更多的能量來實現它們。更多地思考和諧、健康、成功、幸福以及一切使人喜悅的、美麗的、真正有價值的事物，你的思考裡就能描繪出一幅美好的未來藍圖，當然前提是所有這些想法都要是客觀的。

19因此，科學性地思考就是要訓練你每一次的思考活動和心理活動都集中精力到你想要實現、得到和完成的人生理想。培養思考以科學的方式進行思考，首先就要將所有的注意力都集中到對的、順利的事物上，不要顧慮錯誤的事情，我們都應該知道「對」一詞絕不僅僅只是指道德的行為，而是指所有的行為。如果錯誤在所難免，也要堅持對的事情，而且只堅持對的。關於這一點，除了上文中我們有所提及的，還有一個科學的理由。我們都瞭解，保持正確的思考方式，遵循正確的行為準則是最重要的，如果我們總是期待好的事情出現，那麼無論所處的環境如何，我們都能保持思考以正確的方式進行思考了。不過你若是總是想著好的事情也有可能有另一個結果，有時候你生活中潛藏的錯誤由於滋生土壤十分脆弱，於是我們只是需要一點點正確的力量就可以完全糾正這些錯誤了；我們會發現其實生活中最糟糕、最具威脅的錯誤本可以一朝一夕就能克服，不過我們必須要為此付出積極、果斷並且有創造力的努力來克服這些錯誤。

20如果一個人正遭受極大的苦難，甚至正在毀滅的邊緣，不利的方面完全佔領了他們的身心；可是沒有人能毀滅自己，除非他們的思考已經陷入混亂，趨於毀滅的境地。只有掌控自己的思考，你才能駕馭所有的情況，不論遇到的是什麼樣的情況，只有科學的思考才能幫你解決問題。為了能以科學的方式思考，我們需要遵守三個要點。首先是要培養有創造力的思考態度，只有當思考、感受、願望和意願都可以常常面對更壯大、更美好的事物的時候，思考態度才會具有創造力。

21一顆積極向上，果斷堅決的樂觀心靈也能達到同樣的效果，而讓心靈之眼只關注最遠大的理想同樣能幫助我們。為了讓每種思考態度都能具有創造力，那麼我們就要有寬廣的胸懷，要竭力避免鬱悶的情緒。每個思考過程、每次感受過程都要謙遜。

22第二個要點就在於要有富於創新性的想像力。要運用想像力描繪美好的畫卷，這幅畫卷必須是美麗的、理想的、有利於你自身的，必須是你想要實現的未來的畫面。問問自己內心深處，瞭解自己最想實現的理想。只有你想像到的事情你才會去考慮它，而只有你考慮的事情你才會最終實現它。因此，如果你專注地想像那些符合你夢想的事物，你的所有思考才會很快為你贏得你想要得到或是完成的理想。

23最後一點就是要有創造性的心理活動。每次的心理活動都要有明確且積極的目的，都應有所期待。訓練自己無論遭遇了什麼都要迎接生活中的燦爛陽光。當你沐浴在和煦的陽光中，用正確的心態看待所有的事情，而當你有了正確的心態，那你的思考方式就能步入正軌了。其實此時你生活中是否充滿陽光並不重要。我們只需堅定地守候陽光的到來。如果不能看到銀光璀璨，那就在自己的心靈世界裡營造一個銀光閃耀的地方吧。無論陰暗面是多麼的殘酷，都要始終關注光明的一面，不管這光明是多麼狹小或多麼微不足道，我們都要繼續關注這一面，不要在乎陰暗面的殘酷。

24要樂觀，不是隨隨便便的樂觀，是要真正的樂觀。真正樂觀的人不會只是在內心裡期待最好的事情出現，而是透過努力的工作來使之發生。真正樂觀的人不會僅僅看到光明的一面，而是會訓練身上的每一份力量都來為他們的生活創造更多的光明，接著再遵守以上所說的三個要點。他們思考的態度是有創造性的，因為他們總是迎接著最好事物的出現。他們的想像力是富有創新性的，因為他們總是在描繪更好更理想的未來畫面，他們的心理活動是有創造性的，因為他們會調動自己的生命擁有的一切都來創造一個更好更光輝的未來，而他們的樂觀積極的精神又會鼓舞他們學會期待，學會守望。

25現在，我們必須要記住一點，每種思考態度都支配著許多精神力量，因此如果你的態度是沮喪陰鬱的，那這些力量也就不利於你的思考；也就是說，在支配這些力量的時候就不會很順利，甚至這些力量還將有害於你。另一方面，如果你能夠成功改善你的思考態度或是將其引領到更強大、更真實、更理想的高度上去，那麼這些力量就具有創造力了，並且還會向著你的目標付出努力了。

26在進行這方面的細緻研究時，我們發現仔細研究思考態度是很有利的，而同樣的，明確我們大腦最常關注的究竟是什麼也是很有利的。如果我們正在關注我們並不期待的事物或條件，或者我們的想像力過於關注可能遭遇的失敗、錯誤，忽視麻煩、不利因素（這時的思考就是非科學的），把時間都花費在這種非科學思考上就是一種浪費了。如果你正在展望人生和未來，那就不要擔心會遭遇坎坷。不要從心底裡把自己的日子想像得充滿曲折。不要想像自己正處在這種不利的條件或者環境裡。即使你已一無所有，即使災禍不可避免，那也不要陷入迷惘。這樣的思考是非科學的，也是最有害的。如果你的思考是非科學的，那麼你的生命之船就會向著最危險的方向駛去了，而且，如果你不正確對待這個問題，那你的生命環境就會越來越危急，總有一天你的生命之船會出現裂痕，最終沉入海底。

27一旦你不必再擔憂現在，那就請盡情地暢想未來吧，讓你對未來的暢想更美妙，更有創新力，更樂觀，更理想。要堅定地相信自己一定能得到最好的，而且你能遇到越來越多最好的相信條條大道通羅馬，相信自己能找到更好的環境，自己的力量和才華能得到不斷的提高，相信自己的身體越來越健康，越來越有活力，頭腦更加敏捷，性格更加討人喜愛，靈魂也能更偉大。簡而言之，就是要將你的未來和一切美好的事物聯繫在一起。不要為未來的日子憂愁，而要滿懷信心地期待一切好的、理想的悅人的事物的到來。這樣做不僅會讓你現在的生活更快樂，更能以恰當的方式全面強化你的內心。這裡所說的「恰當」是指你擁有樂觀美好的夢想，並且還擁有實現它，獲得所有夢寐以求的事物的巨大力量。

28為了獲得一個更美好、更輝煌的未來，我們就要知道思考一定是受人們在心裡最常描繪的那幅藍圖的支配和引導的。只有那些能為自己描繪出一幅清晰明確的未來藍圖的人才能激發出潛藏在他們內心所有的能量來為開創未來共同努力；事實上，思考、生命、個性、性格還有靈魂的所有力量都能被激發起來並且向同一個方向努力。他們也許不能如自己所描繪的那樣一帆風順地實現理想，但是他們一定能擁有美好的未來，而且往往未來甚至要比他們想像的還要更加美好。

29凡夫俗子在展望未來的時候，常常會想像出各種不順利的情況。他們對一切都不敢確定。因此思考就沒有一個明確的努力目標，這就是他們屢屢失敗的原因。

30當我們深入研究那些已經功成名就的人們的生活時，就會發現他們無一例外地都有一個明確且遠大的追求目標，而且個個心比天高。在內心深處，他們一遍又一遍地描繪那幅美好的藍圖，同時他們也懂得如何把握。他們不屈不撓地堅守自己的信念，於是就能激發其潛藏在其內心深處所有的力量為之努力。因此他們很自然地就能達成目標，並能達到夢寐以求的事業高峰。這樣的人也許並不瞭解科學思考，但他們仍然能很好地進行科學思考，他們只會描繪自己想要實現的最崇高的理想。他們每個人在思考時的態度都是勇於迎接挑戰，因此他們的思考態度都就是富於創造性的；而他們所有的心理活動也無一例外地奔向同一個目標。於是，他們自身潛藏的所有力量和才華才能為實現那同一個目標而共同努力，那也正是我們賦予科學思考的涵義；那也正是我們所說的有目的性的思考。只要能訓練自己能以這樣的方式有目的地進行思考，最終就一定能實現理想；不過在這一點上我們還是要想到堅定和果斷同樣也是在實現目標的每一步中不可或缺的品質。

31即使我們不能立即實現夢想，甚至有時候會因此而垂頭喪氣，自認為所有的努力付出都是徒勞。在這些時候，朋友們總會告訴我們，我們其實只是在做白日夢，他們會建議我們去做一些更加實際的事情，做一些我們能做到的事；如果我們不在意朋友們給予的這些「忠告」，依然堅定地追求自己遠大的理想，那最終一定能實現理想，到了我們真正成功的那一天，那些親密的朋友又會告訴我們我們的選擇是正確的。如果說一個有著遠大抱負的人也算是失敗者，那全世界就會勸他放棄自己的理想；可是要是他果真實現了自己的夢想，那麼世界又會誇他在黑暗日子裡所展現出來的堅持的美好品質還有果斷的決策力，每個人都會把他當作學習的榜樣。這是一條定律。因此不用在意你在失意時世界對你的品頭論足或指手畫腳。只要你下定決心要奮發努力，要堅定地追求自己的夢想，請相信，你一定能做得到。

32這個世界胸懷大志的人並不在少數，他們想像著有一天能獲得成功，因為他們相信自己，他們擁有堅定的信念，有持之以恆的韌勁，而他們卻無意間忽略了自身的一個缺點，那就是他們的思考方式是非科學的；不過我們很快就能糾正這個誤解。即使是在細節問題上的非科學思考也會削弱人們的意志力。它會扭曲珍貴的精神力量，而我們必須要利用所有的精神力量，而且要是想要做成大事業，還要積極地向確定的目標努力。平凡人身上潛藏的大部分精神力量都不能為其所利用，因為他們常常感到抑鬱，他們的思考習慣不利於自身的發展；即使他們也許胸懷大志，他們也沒足夠的能力來實現這個遠大的理想，因為他們已然丟失了大部分的精神力量了。

33於是我們就能看到科學思考的必要性了，而我們同樣也要明白的是完善思考習慣，並使其有利於我們自身也是非常重要的。不過，科學思考並不僅僅能恰當地利用精神力量；它還能增強精神力量，提高其利用的效率，提高所有我們可能會運用到的能力和才華水準。為了讓讀者認識到正確思考方式的作用，我們不妨假設你有音樂天賦，並且也想很好地利用這個天賦。接下來再假設你總是不滿於現有的天賦。那麼結果會怎樣呢？相對應的心理活動就會對你的天賦有不好的影響，因為你抑制了這些活動，而不是激勵它們。反之，如果你激發了這項天賦，那你就能增加其活力，於是也就能保障理想的實現了。

34在這個方面，天賦就像人一樣。不妨拿兩個能力相當，所處環境截然不同的人舉例。我們假設其中一個人每天都被周圍的人欺負凌辱。他受到了無盡的責難，還常常有人告訴他他是一事無成的人；總是被人責備，周圍的人不斷地打擊他，這就會讓他逐漸喪失鬥志，慢慢消沉下去。如果這個人年復一年遭受這樣的待遇，結果會是怎樣呢？他就會停滯不前，除非他碰巧是精神上的巨人，但他要只是一個平凡的人，就會不斷喪失信心、理想、創造力、判斷力還有推理能力，而事實上，他們失去的遠遠不止這些，他們身上所有的能力和才幹都統統消失了。

35我們再假設另一個人常常受到鼓勵，人們時時誇獎他，他得到了所有可能得到的機會來展示自身的才華；他為樂觀的氣氛所包圍，所有人都期待他不斷進步。那麼這個人又會有怎樣的前途呢？他將能得到最強大的力量，最傑出的才幹，他將不斷被推動前進，堅定地向上攀登，毫無疑問他一定能登上頂峰。

36以這樣的方式善待你的天賦吧，你一定能像第二個人那樣獲得成功的。簡單來講，就是要鼓勵你的天賦、能力以及力量的發揮。激發你自身潛藏的所有力量。期待這些力量能共同合作努力，培養自己這樣想，這樣地感受。培養自己相信你身上的所有力量都能得到充分的利用。就這樣對待你的才華，而且無論你遇到什麼情況，都要同樣善待你的身體。

37那些沒有健康身體的人之中大多數人都有一個習慣，那就是不停地叨念自己的胃不好，自己的肝臟系統紊亂，自己的視力越來越弱，他們的情緒總是很低落，總之他們總是不停地抱怨整個身體系統都出了毛病，可他們這樣對身體有著怎樣的影響呢？這就和我們在上文中提及的那第一個人的不幸差不多了，我們也因此發現了為什麼總有不少人的身體那麼孱弱的原因了。他們讓自己的身體處於不良的狀態裡，換句話說，就是他本身擁有有害的想法，認為整個身體都處於不良狀態；不過如果他們改變這樣的想法，開始鼓勵自己的身體重新獲得健康，總是誇獎它，並且期待著越來越好，從身心兩個方面善待自己的身體，那麼他們就能得到健康的體魄了。

38為了培養科學思考，我們必須學會關注和掌控自我感受。其實進行科學的思考並非難事，不過要讓我們的情感、感受也能以有利於自身的、有創新性的、樂觀的方式表達就需要我們持之以恆的努力了。只需要一點點的付出就能隨時隨地地改變你的思考方式了，可是感受卻常常在某一個過程中越來越強烈，因此是很難改變的。

39當我們感到沮喪時，很可能就會感到越來越沮喪；當我們感到不滿時，情況就有可能變得越來越不如意。所以我們應該一開始就抑制這些不利的情緒。不要允許任何有害的情緒佔據你的心靈，一分鐘也不可以。你可以利用轉移注意力，將注意力集中到那些使你感到輕鬆愉快的事情的辦法來立即改善不利的情緒。

40在任何情況下都要按你想要感受的方式感受萬物，這樣你就會逐漸發展感官力量了。抑鬱的情緒感受是一種負擔，而我們總是浪費太多的精力來擔負這樣的壓力。而且，這種不利的情緒還會支配你的思考去思考那些更沉悶、更有害的事物。

41 一旦你讓這種抑鬱的情緒佔領了自己的心靈，你自身的精神力量就會被錯誤地引導。所以，一定要始終讓自己保持正確並且有利的情緒；始終保持愉悅的心情；一直充滿活力和希望，一直樂觀和堅強。將你自己放在光明的那一面，這樣萬物強大的那一面就能呈現在你的面前了，你就能得到源源不斷的力量，而這些力量無疑是有利於你自身的發展的。

★第七章 思想建造人生

1哲學領域的相關科學研究表明人的思想決定了他的成敗，人們當時的想法就決定了他們的未來；而他能向好的方向改變自己的想法，那麼他就能徹底的改變他自己。可是大多數人在試驗了這個規則之後卻沒有獲得巨大的成功，這其中的原因就在於他們沒有完全將這條法則作為行為做事的基本原則，而只是片面地相信它而已。

2眼看上去，把「人的思想決定了他的未來」這條法則作為信仰和作為行為準則沒有太大的區別，可若是仔細研究就能發現僅僅相信它是錯誤的作法。人們之所以不能實現理想就是因為人的想法並不能決定其個性、智力以及性格，而是人的內心想法，也就是潛意識思考的心理表達決定了他能否實現自己的理想，能否心想事成；而要影響人們的潛意識，只有透過人們進行創新的思考，而不是透過人們對自身的定位和認知。

3客觀思考決定了你的未來；可是僅僅幻想自己會變成那樣或是這樣並不一定就能讓你達成心願。為了創造客觀思考，那就必須直接按照潛意識思考的引導行動，不過當你對自己有了一定的定位之後就不可能影響自己的潛意識了。對你自己的一點評價並不會影響或者改變你的潛意識，只要堅定不改變自己的潛意識，你自身就不會有所改變。而當你思考自己的外在和內在的時候，實際上你就是在主觀地行動，為了改善你自身，就必然要付諸客觀的行動。

4你可能會認為自己很不錯，可要是你總是思考那些微不足道的小事，那麼你就只能繼續做個小人物。不管自己抬得有多高，只要他思想膚淺，那他注定是個思考空洞的小人物，僅僅依靠空洞的思想是不可能獲得巨大的成功的。一個人之所以能有所作為就在於他擁有高人一等的思考能力，就在於他總是奮力超越自身局限，努力進入一個更宏大更高尚的心靈世界。他必須要尋找到一個更為廣闊的意識領域，那時候他才能成為一個精神上的巨人。他一定要有成功的生活，呼吸著新鮮的空氣，感受著成功的精神。只有那時，他才能擁有成功的思考；而只有始終不間斷地思考著成功這個命題，他才能不斷走向成功。

5是你提供給大腦的思考素材，而不是你的思考本身決定了你的成敗。思考本身也許是空洞乏力的，而思考素材可以支配一個人生命的力量。而你的思考素材決定於你的思考過程。你的思考素材會反向操作你自身，於是你就能變成思考素材裡所描繪的那樣，這與你對自身的定位並沒有關係。無論你的想法是怎樣的，你自身的「因」必然會在虛無中結出它的「果」。你的生活終究還是取決於你個人的思想，然而生活並不一定就是你想像中的那個模樣。

6我們已經知道人的身體每隔八到十一個月就會完全地更新一次，那麼你可能會自然而然地想著自己還很年輕，可是僅僅在心裡認為自己年輕是不會讓你的身體看上去就是年輕的。為了永保青春，就必須要消除那些認為自己已經老了的潛意識，同時你還要盡量減輕自己的焦慮感。一旦你開始焦慮不安，就會使得自己的模樣和身體逐漸老化，不管你在心裡是多麼堅定地認為自己還是很年輕的。所以，僅僅自以為年輕是沒有用的。你需要思考如何才能保持或再生青春。如果你想要看上去顯得很年輕，你的心就要充分地感受青春，只有當你全心全意地去感受青春的那種感覺時，才能感受到真正的韶華時光。如何才能全心全意地去感受青春呢？那麼你就必須要銘記一點，那就是，青春的締造者是你的身體和心靈，你必須要培養自己只去關注和認識那些不朽的事物。

7如果我們感受到的是歲月的流逝，那就會想像自己承受著歲月的壓力，而這樣的感受毫無疑問會讓身體顯現出歲月雕刻的痕跡。隨著假想的時光負擔越來越沉重，人們便就漸漸衰老了。可是如果人們感受到的是青春的蓬勃氣息，那麼你看上去也一定是青春逼人的，只不過僅僅感到年輕的氣息並不一定就會讓你真正變得年輕起來。真正年輕的感覺只有當我們真正開始有意識地感受青春並將此刻的感受彌散到整個心靈世界當中才能感受得到。

8你也許自認為很健康，可是實際上只有心靈健康的時候，你的身體才會健康。你可能還是堅稱自己擁有健康的身體，然而只要你的生活雜亂無章，你依舊處在充滿疑惑、擔憂、恐懼還有其他有害的心理狀態之時，你就是不健康的；也就是說，是你的心理狀態決定了你的身體狀態，而不是由你自己的想法來決定身體健康與否的。你可能自認為很健康，可是只要你的心靈為憂慮、恐懼和紊亂佔據，那麼你的思考就會跟著發生混亂。

9是我們提供給大腦的思考素材，而不是我們思考的內容決定成敗的。為了讓身體健康，思考本身就一定要是健康的。思考的時候要同時思考健康品質和健康的生命力。不過，除非我們在產生這種思想時就意識到了健康，否則思想是不可能承載這些內容的。因此，為了能夠有健康的思考和心態，我們要瞭解健康的涵義，而不僅僅只是在客觀上相信健康的重要。而且，為了有一個健康的身體，生活中必須要遵守法則；也就是說，我們必須要用心理解這些法則，只有恰當地理解這些法則，主導思考才會自然而然地遵守它們。僅僅認為自己很健康並不能讓我們理解生活和健康的所有法則，思考本身並不能使你理解這些法則。真正地理解生活中每一條法則並不是你僅僅認為自己健康就能徹底理解的，你需要努力理解這些法則及其精髓，還有健康的生命力，除此以外，理解所有真理的精髓也是非常必要的。

10你也許自以為很聰明，認為自己能在某個時候承擔最困難的工作，不過問題在於個人對聰明的概念的理解是否有所缺失或過度。如果你對聰明的理解有缺失，那麼你要是認為自己很聰明，大概也就無可厚非了；換言之，你對聰明有多少瞭解，你就有多聰明。而這是否就足夠你應對當前的工作，就是另外一個問題了。你對自己能力的認知也許有所誇大，但如果你對聰明的詮釋是粗劣的，那你的思想也必然就是粗劣的，思想所凝結的智慧果實也就是粗劣的。因此，僅僅自認為聰明是不能讓你變得真正聰明起來的，除非你對於聰明的理解更加全面，並能夠上一個更高的層次。

11你對於「聰明」一詞的理解和感悟就是指你對這個詞的真正看法，而正是這種理解、感悟或者是認知決定了你究竟有多聰明。你思考的敏捷度取決於你對敏捷的理解，也取決於當時你對「聰明」一詞的認知程度。倘若你的思考是敏捷的，那你就是聰明的，相對的，如果你的思考不夠敏捷，那不管你自認為有多聰明，都必須承認自己不夠聰明。為了讓你的思考更敏捷，那就要對所謂的「聰明」、「智慧」以及你所能達到的「敏捷度」進行有意識的深入理解了。任何時候都不要自認為聰明，也不可妄自菲薄。你只需要全心全意地關注絕對的聰明，同時還要運用心靈和靈魂的所有力量都來期盼自己越來越接近絕對的聰明。

12當你認同美麗是一種自然的流露時，那不論你自認為美麗與否，你都是美麗的。而正是潛意識下的活動決定了你的認知水準。因此，人之所以美麗就在於她內心的思想有助於美麗常駐。而那些並不美麗的人們也不一定就有醜惡的思想，只是因為她內心的心理活動並沒有如那些美麗的人們那樣讓美麗自然的流露出來同時也因為她潛意識下的活動沒有以最完美的方式安排得當。而事實上這些活動並不是透過認為某人是美麗的，而是透過美好的思想內涵才能很好進行的。當你自認為很美麗的時候，就會很容易認為自己比別人更美麗，可是事實上這樣的想法本身就不夠美麗。指出或批評別人的醜陋或不足實際上就是在指出或批評你自身的不足或者醜陋，而這或早或晚地都會透過你的思想和性格展現出來。

13一旦你開始了擔憂、憎惡或者恐懼，你的思考就會讓你的性格和心靈變壞，不久你整個人都變壞了；自我認定是美麗的並不能使你淨化那顆已經被污染了的醜惡心靈。反而你這樣錯誤的定位還會讓你變得更加憂心忡忡、更加可憎和醜陋，也不會如你所願地讓你的心靈得到淨化了。

14一個人的成敗不在於他的信仰或者想法，而在於他整個心理世界裡心理活動的品質。是人們的思想決定了他們的未來，而不是他對自身某一個或者某幾個片面表像的看法決定他的未來。你或許認為自己很優秀，可是你對「優秀」一詞的理解並不一定正確。因此你這樣錯誤的理解可能會使你變得越來越平庸。相反的，你越誇耀自己有多麼優秀，你的表現就越是差強人意。而且，自認為優秀可能還會產生自負感。這種自負會讓你輕視那些遭遇了不幸的人們，而看不起他人會讓你很快開始走下坡路，到了後來你甚至連那些你曾經輕視的人們還不如了。

15你的思想有多傑出，你就有多優秀，而要想提升自我的思想水準就要透過培養自己的思考不斷加深對真正的優秀的認識。而為了加深這種理解，那就要用心關注真正優秀的最高層次的涵義。堅持拓寬，提升和詮釋「優秀」的概念和涵義。依照這樣的理解來規劃你的人生，整理你所有的思想和行為。還有，不要再向過往張望，也不要嘗試要衡量你現在究竟有多優秀。始終堅持對「優秀」進行更高層次、更廣層面的理解，至於結果就交給上天決定吧。這樣不論是你的思想還是行為都會變得越來越優秀。於是你將會達到全面的優秀，這與你自己想像自己有多優秀不一樣，你的優秀是因為你思考的內容都依照了真正優秀的標準的。

16從上文中，我們得以清楚的瞭解到，是人的思想決定了他的成敗，而不是他對自我的定位來決定他的未來。不過我們還能對此找到更多的例證。我們已經知道人的未來決定於他的思想，但究竟是怎樣的思想呢？要成為這樣或是那樣的成功人士，首先就要說服自己相信可以做到這樣或是那樣，而不是想做哪些事情才能讓你做到這樣或那樣。這是因為潛意識的本身就能對你產生自然的影響，有生理上的，也有心理上的，而你僅僅透過思考是無法進入潛意識領域的。你對自我的定位往往都是主觀的，而僅僅靠主觀臆斷不利於改善自我。

17為了能更有活力地思考，你就務必要對活力有更深入的認知和理解，而你若是對自我進行限制和衡量，那你就不可能擁有這裡所說的活力。如果你想擁有更多優秀的品質，那就必須要讓你的思想更有價值，更有品質，同時你還要忘記自我的價值並認識真正價值本身的巨大價值。如果你自認為是這樣或是那樣，那你的思想就將會將其表現出來。這樣你在心理上就會受到影響。你不會製造新的「因」，因此你本身就不會再有改變。你會一直保持潛意識原來的形態，這時你潛意識中的遺傳傾向、習慣、種族思想以及其他心理方面的表現。不管你個人看法或表面的空洞思想是什麼，你都會一如過去那樣，沒有改變。

18要想改變你自己，那就必須要深入到潛藏著改變你自身條件的各種「因」的心裡深處。但是只要你的思考仍然耽於表面，你就不可能深入到心靈深處，而只要你還是只想著自己，那麼你的思考就只能耽於表面。因此奧祕並不在於要形成對你自己的看法，也不在於自認為是這樣或那樣的，而在於你對原則更全面的理解。當你感受到真實豐富的生活時，你就能更豐富自己的思考了。忘掉你身上的局限、弱點或不足，忘掉你的那些膚淺想法，從精神上真正理解優秀、宏偉、卓越以及萬物的壯美。努力對萬物的壯觀和美妙之處有更深入、更全面的理解，渴望無限的思考廣度。這就是偉大思想的奧祕之處，當一個人擁有了偉大的思想，他就一定能取得成功。

19相似的，那些只思考對自身有利的方面的人們，注定也會是健康的、傑出的。因為這樣的思考內容擁有巨大的能量，這能量使人們有健康的身體，而他們也相信自己能獲得力所能及的成功。將必要的潛意識思考運用其中，那你夢寐以求的理想就一定會實現。因此人們對自己的定位並不能決定他們的成敗，就是因為他們的定位是個人的，不可避免也是膚淺而無力的。決定一個人的個性、性格、心智甚至命運的思考方式是客觀的思考方式，是當一個人忘記了個人看法，並讓自己依照深刻的感受以及客觀的信念而行動的時候在潛意識中形成的思想。不過潛意識中的思想也並不一定就是傑出的。

20人類的思想成果並不都是真理，也不都是有利於自身的，因此人的思想並不總是完全正確的。人們自身也不都是優秀的，他的生活也不一定就能如他所願地那樣美好。不過他的思想是由他自己決定的。他可以學著思考自己真正想要思考的內容，我們已經在上文中瞭解了，是一個人的思想決定了他的未來成敗，因此我們可以很自然地預知他的未來，那就是，他一定能在未來的某個時候實現自己的理想，獲得他夢寐以求的成功。

★第八章 掌握變化的規律

1人會逐漸與其反覆思想的物件產生相似之處，而我們反覆思想的物件必定是我們深愛之物，因為只有我們深愛的東西才能讓我們念念不忘。正是這一原理產生作用的緣故，我們才成了今天的我們，而正是對這一原理的聰明靈活的運用，才使我們有了向好的方向轉變的可能，能不斷地改善自我，逐漸成為我們心目中理想的人。我們的所思所想不僅對我們的性格、思想與身體產生影響，而且是我們身體機制中一切特徵、習慣、傾向、欲望、思想品質與身體狀態等形成與產生的根源。思想是一個人之所以區別於他人成為一個獨特的個體的根本原因，是形成一個人獨特的性格、特徵與狀態的根源，構成人個性的一切因素都是思想活動直接或間接作用的結果。因此，人會逐漸與其思想的物件產生相似之處也就不值得奇怪了，而且很顯然，我們思想的性質完全取決於在我們頭腦中出現次數最多的事物。

2瞭解了上面這個事實，也就等於掌握了事物發展變化的基本規律，雖然只是一條基本的規律，但如果可以聰明靈活地加以利用，可以讓很多事情變得很簡單。在這一規律的盲目支配下，人處在不斷地變化中，有時向好的方向轉變，有時則正相反，但是如果我們可以有意識地靈活利用這一規律，就可以自己控制變化的方向，只向好的方向轉變，而且能在能力允許範圍內盡快地向好的方向轉變。

3思想的力量也可以改變我們的心理狀態與傾向，這是一個人人都承認的事實，但是，思想的力量也可以改變我們的思想品質、能力、外貌、身體狀況等，卻不是每一個人都能接受的。儘管如此，思想可以使身體機制中的所有環節發生變化，甚至發生驚人的變化，卻已是一個不爭的事實。我們都曾見過有人因悲傷、擔憂或不幸而面容憔悴，容顏衰老，也看到人都會變老，因為所有的人都認為變老是必然的，儘管實際上即使是年過八旬的老翁，身體也不會比一個三歲的孩童老。我們有充足的證據證明，人能力的提高或退化完全取決於其思想的構成。人的思想都寫在臉上，我們總能看出一個人大致的思想狀態。如果一個人心理狀態變化太快的話，就沒有哪一種心理狀態可以明確清晰地表現出來，因此就不容易捕捉其心理，但是，當有某一種心理狀態可以連續持續幾個星期，幾個月，甚至幾年時，任何人只要看看他的臉也就能抓住其思想狀態了。這樣我們就可以看出人與人之間不同的思想、性格、脾氣、生活方式等，同時，也可以得出一個結論，那就是：人的思想大體上決定他的外貌、行為及生活。

4既然所有思想的性質都要在身體、精神與性格上表現出來，那也就是說，我們可以利用自己的思想活動，讓自己變得更加漂亮、聰明、堅強，讓我們的心靈生活變得更加理想。但是，要想實現這一切，我們必須積極利用事物變化的基本規律，讓事物向著我們理想的方向轉變。當一個人連續幾個星期只沉醉於瑣碎平凡的事時，必然就開始看上去像一個瑣碎平凡的人；假設後來突然受了什麼刺激，讓他想起自己的理想、抱負，想起生活中的真善美來，如此一段時間後，他看上去就會像換了一個人似的；但是如果情況恰相反的話，他就會變得擔憂、沮喪、憂慮，別人一看就知道，他很不好；如果接下來又忽然時來運轉的話，他又會顯出一副心滿意足的神情；如果有什麼讓他想起了健康、積極、和諧之類的字眼，他更會精神煥發起來。在這種情況下，變化的規律是在發揮作用，但絕不是在人有意識、明智的利用下發揮作用，人沒能將這一規律掌握在自己的手中，而是在環境的暗示下，被動地接受變化規律的支配。今天進步了，明天卻又退了回來；這一週還身強體健，強壯健美，下一週卻又疾病纏身，形銷骨瘦；今天種下一粒花籽，第二天卻又挖了出來，種上雜草。普通的人過得就是這樣的生活，所有的變化都是不由自主的，不能有意識地去利用思想的力量來控制變化的方向。但是，思想的力量的確是我們可以控制並有效利用的，當芸芸眾生都能利用思想的力量時，一個民族飛速發展的時代也就到來了。

5我們必須牢牢掌握這一條變化的基本規律，並且利用這一規律促使事物向著理想的方向轉變；要做到這一點，我們必須訓練自己，學會控制自己的喜好，只熱愛我們真正想要的東西，只熱愛比我們目前所擁有的更高級、更好的東西。這對於那些意志力高度堅定的人來說並不是一件困難的事，因為這些人總可以看到事物高尚、美好、理想的一面，但是沒有這樣定力的人就必須嚴格訓練自己控制情感的能力，以免對低俗、平庸、瑣碎之類的東西產生感情。

6任何我們仰慕的品質都會發展成為我們自身的品質，因此，仰慕他人的平庸會讓我們自己變得很平庸，而崇拜他人的高貴與高尚則可以讓我們成為一個高貴、高尚的人。當我們愛上一個人的粗鄙時，也就等於降低了自己的規格，甘於做一個同樣粗鄙的人。我們可以善意地對待每一個人，不管對待任何人都可以毫不吝惜自己的愛心與同情心，但是卻絕不能對任何人身上的任何不完美之處心生愛慕。認為愛僅僅只是愛一個人的外表是一種誤導，我們愛的應該是每個人身上的那種真實而美好的品質，而這種品質是每一個人都具備的，因此我們可以用這種更加崇高的方式去全心全意地愛每一個人。

7談到這裡，我們來看一個很重要的問題，一個很多追求崇高生活的人都面臨的一大難題。他們很多人都覺得無法愛自己的丈夫、妻子、親戚或者是朋友，因為在他們看來這些人跟不上自己的步伐，只能像動物一樣過著平庸的生活，但是現在這個問題就可以很容易地解決了。我們絕不能愛任何人的平庸之處，實際上，甚至不能承認他人的平庸，但是我們卻可以愛每一個人身上那種真實的生命力，要是我們鑒別力強一些的話，就不難發現，每一個人都有這種真實的生命力。我們並不需要去愛一個人的缺點與錯誤，但是我們可以愛他與生俱來的巨大的潛能與高尚的品質。

8為每個人的利益著想，只有生活在同一個世界的人才能彼此相愛。如果一個女人達到了一個更高的境界，那麼對那個男人而言，除非他也達到了同樣的境界，否則絕不能奢望得到她的愛，這是很公平的。如果女人生活在狹小的世界裡，而那個男人的世界卻非常廣闊，那麼她就絕不能奢求他的愛，而如果他愛上了她，也不過貶低了自己。

9 一切生命都是向上發展的，因此，任何背道而馳、貶低生命的行為都是違反了生命存在的目的。如果我們希望與崇高、偉大、優秀的人在一起，就必須改變自己，做一個崇高、偉大、優秀的人，而這是我們可以做到的。

10 在應用變化的基本規律的過程中最重要的一個因素就是快樂。可以說我們在很大程度上受控於享受快樂的程度，快樂這一因素有時甚至可以起到決定命運的作用。為什麼這麼說呢？這是因為只有能夠帶給我們極大快樂的東西才會為我們所深愛，而令我們深愛的東西我們才能讓我們在思想上翻來覆去，念念不忘，而人會逐漸與其反覆思想的東西產生相似之處，因此推理下來，人會逐漸與帶給自己快樂的東西產生相似之處。因此，對於任何達不到我們理想標準的東西，卻允許自己去享受，是非常不明智的；同樣，結交世俗、平庸的人也是不明智的。既然我們享受的一切都會成為我們的一部分，那麼為每個人的利益著想，我們絕不能自甘墮落；當我們享受的快樂都能達到理想的標準時，才是真正踏上了一條向上發展的路。

11 忽略生命中的缺點、錯誤與缺陷，只著眼於每一個靈魂中令人不自覺便心生愛慕的美好之處，這麼做是偉大的，也是我們能夠做到的；但是要注意的是，我們絕不能將心靈美當作一個乾巴巴的抽象的東西。情感是一個非常重要的因素，我們要在不被感情控制的前提下盡可能地做一個充滿感情的人，這是很重要的。我們應該有一顆溫柔而熱情的心，有熾熱的感情；如果這些熾烈的情感可以深入我們的靈魂，我們就會發現自己在一種無形的牽引下對生命中一切高尚、真實、高貴、美好的東西產生了熱烈而真摯的愛慕之情。如此以來，我們就可以毫不費勁地愛上我們所注意到的任何一種高貴的品質、高雅的藝術或偉大的著作，而能讓我們敞開心胸去熱愛的東西，必定可以長久地佔據我們的思想。當我們已經明確了自己想要什麼樣的變化時，想實現這些變化，我們要做的就是去熱愛這些變化所能帶給我們的理想改變，而且還必須是深沉、強烈而持久地熱愛，直到我們想要的變化已成為現實。明確自己想具備怎樣更好的品質，然後用我們全部的思想、生命與靈魂去熱愛這樣的品質。

12熱愛生命中高尚、偉大的品質就等於促使思想的創造力在自己的生命中創造出同樣高尚、偉大的品質；因此，我們都會逐漸與自己持久深愛的東西越來越相似。這是一個非常重要的定律—它能支配事物向好的方向轉變。但是要想使這一定律發揮作用，就絕不能讓愛的力量受外界支配，絕不能看到什麼，想起什麼，就愛上什麼，要將愛的力量掌握在自己的手中，聽從我們的意志分配。

13愛是世上最偉大的力量，但它具有兩面性，可以使一個人或一個民族蒸蒸日上，盛極一時，也可以使一個人或一個民族日漸衰落，頹敗不堪。在一個民族的歷史長河中，每一次的衰落與倒退無不是由於愛的錯置而引起，而每一次的發展與進步亦無不歸功於愛的明智。所謂愛的錯置，是指選錯了愛的物件，選擇的物件低於我們目前發展階段的水準。這等於迫使我們生命的力量倒流，因此出現歷史的倒退也就是不可避免的事。對於普通人來說，愛幾乎是絕對個人化的，只關注自己，這樣做產生的後果是，造成愛的太個人化、局限性與膚淺化，以至於物欲橫流，最後成為一個拜物主義者。而還有很多的人，他們只關注、愛慕外表，卻完全忽視了人的性格、思想與靈魂的美，結果，這些人身上的優秀品質逐漸消失，而與此同時，在思想上和言行舉止中，變得越來越粗鄙不堪。但是，我們絕不能因此就妄下結論，認為欣賞外在的美就是不正確的。但凡美之所在，人人都應欣賞，不管是內在的美還是外在的美。但凡生命豐富多彩處，人人都應欣賞，不管是內在的精彩還是外在的精彩。所謂完整的人生，是指我們既可以享受生命的內在精彩，也可以享受生命的外在精彩，既可以享受生命的內在美，也可以享受生命的外在美，這樣才稱得上是完整的人生。但是，我們應更多地關注、愛慕思想與靈魂的美麗與精彩，因為內在的美要比外在的美還要好一千倍。因此，我們必須這麼做，除非我們不想成為我們心目中的理想、高尚、偉大的人。因為人如其所思，而讓我們思想最多的，還是我們最深愛的東西。

14當一個人開始用全部思想與靈魂的力量去熱愛生命中更加美好的品質時，他就已經邁出了改變自己人生命運的第一步，為實現一個更加光明、美好的未來打下了基礎。如果他可以像這樣一直堅持下去，即使是再遠大的理想與目標，也一定能夠實現。在開創一個偉大人生的起始階段，有很多我們可以利用的規律，但是，一切規律的基礎則是愛的定律，因為是愛在決定我們的思想、行為、方向與目標。因此，愛是一個非常重要的因素，我們的重中之重就是要學會如何去愛。

15要發揮愛的力量，為實現我們的目標服務，祕密就在於：熱愛生活中一切高尚、美好、理想的東西，而且要愛地熱誠而強烈，使愛成為一股銳不可擋的力量。如此以來，我們整個的生命就都會隨之發生變化，跟著愛的力量一起，向著高尚、美好、理想的目標前進；一切的一切，我們整個的人，我們周圍的整個環境也會隨之不斷變化、進步，直到最後我們一切夢想成真。我們的理想會變成現實，我們心底的願望會得到滿足，一切我們曾夢寐以求、渴望擁有的，我們也都會擁有，一切都不再是遙遠的夢想。

★第九章 相信自己行就一定行

1人如其所思已是一個我們不得不承認的事實，這一事實的發現使人們對思想的力量形成各種各樣奇怪的觀點，其中一個最主要的觀點認為：思想是一種控制性的力量，是用來控制萬事萬物的，用來迫使命運服從我們的意志。但實際上這種觀點是沒有任何科學依據的，這一點已經過無數次的證明。

2相信這種觀點並且在實踐中將思想用作控制性力量的人，在開始時似乎能取得一定的效果，但最後卻都以徹底的失敗而告終，這是為什麼呢？原因就在於，一旦我們將思想用作一種控制性的力量，也就將自己置於一種不和諧的狀態，造成了自身身體機制的不和諧，也造成了我們與外界的不和諧。

3在開始時，或者在最初的一段時間內似乎能取得一定的效果，是因為強大的控制性力量在一段時間內可以迫使生命的各種元素做出反應，但是這種強制性的力量在對其他的力施加壓力的同時會不斷地削弱自身的力量，最終會徹底失去力量，在開始時所凝聚的各種力量，也會逐漸開始瓦解消失。

4這就解釋了為什麼成千上萬玄學派的熱切信徒都沒能取得自己預期的結果，

或者只能取得階段性的成果。這些人沒能正確理解思想的力量，因而導致體內的力量在絕大多數時間裡與自己的意圖反向前行，而不能為實現自己的意圖服務。

5思想的力量不是一種控制性的力量，而是一種建設性的力量，只有將它作為一種建設性的力量來使用才能取得理想的效果。然而，思想幾乎具有無限的建設性潛能，因此，我們可以成就的東西也幾乎是無限的，只要我們能夠明智地運用思想的力量。

6要想充分發揮思想的建設性作用，我們應從「相信自己行就一定能行」原理出發，無論做什麼都深信自己一定能行，這種思想可以給我們帶來無窮的力量。大部分的聰明人都承認「相信自己行就一定能行」的說法是有幾分道理的，但一般說來卻不相信這是一個絕對的真理。他們承認，相信自己能行，可以給自己增加自信，使自己變得更加堅定，但除此之外，不覺得這樣想還能有什麼作用。他們並沒有意識到，如果相信自己能行，可以提高我們的能力，但這確確實實是一個絕對的真理，而且是玄學領域最重要的真理之一。

7這種觀點的科學原理及其應用具有無盡的潛能，因此，相信這種觀點的人，幾乎可以成就一切。當一個人認為自己有能力做某件自己想做的事時，思想就會對與目標實現緊密相關的器官採取行動，而一旦對相應的器官採取行動，為其提供源源不斷的營養，就會使其生命與能量不斷增強。結果，相應的器官就會不斷發展壯大，變得越來越發達、強大、高效，直至最終完全有能力去做我們想做的事。這樣我們就明白為什麼相信自己行的人就一定能行了。

8當一個人想發揮自己的發明創造才能時，思想就會對負責發明創造的器官產生作用，啟動它內在的潛力，使它越來越活躍，不斷發展。不僅如此，當我們將思想集中到某一特定的器官時，還會將體內的其他能量吸引到這一器官上來，而外來的能量與內在的能量相疊加又能吸引更多的能量加入進來，如此無限地增加下去，與之相對應的器官的能力也會無限地增加。經過一段時間後，也許幾個月，也許幾年，終會使自己的發明創造力達到相當的程度，成為一個成功的發明家。

9如果繼續運用同樣的原理，使發明創造的器官進一步發展，年復一年，最後就可以成為一個發明天才。如果一個人原本就具有一些發明創造的才能，那麼運用起這一原理來就可以在更短的時間內取得更大成就；但即使原本並沒有什麼這方面的才能，透過這一偉大原理的應用，也可以發展出這樣的才能－因為認為自己行的人就一定能行，或者換句話說—相信自己的能力就能發展自己的能力。

10沒有什麼器官是我們不具備的，儘管可能某些器官處於活躍的狀態，而某些器官則處在休眠的狀態，但凡是屬於人類的器官，每一個人都會具備，只要方法得當就可以將其啟動，使其不斷發展活躍起來。然而我們的目標是充分利用現有的條件，盡可能取得更大的成就。因此，我們最好是先發展我們原本就具有的某些才能。原本就有些發明創造才能的人應該相信自己的發明創造才能，這樣就會使自己的發明創造才能不斷增加；原本就有些音樂才華的人應該相信自己的音樂才華，這樣就可以將思想的創造性能量凝聚到掌管音樂的器官上，使自己的音樂才能不斷增加；而對於原本就有些藝術才華的人來說也是這樣；原本就顯示出某些文學天賦的人則應該相信自己的文學才華，相信自己想寫什麼就能寫什麼，這樣就可以發展自己的文學天賦，成為一個文學天才，真的想寫什麼就能寫什麼。

11不管一個人具有哪一行的天賦，都應該相信自己的能力，相信自己如果做這一行一定能取得巨大成功。一旦他真的入了這一行，並且對自己的能力始終堅信不疑，勤勤懇懇，兢兢業業，充分發揮自己的才能，那麼，最終一定能取得巨大的成功。

12不管一個人認為自己能做什麼，都要著手進行，並且始終相信自己，他會從一開始就取得成功的，而且會一直不斷地進步，不斷取得更大的成就。但是，我們不應拘泥於某一個單一的目標，如果我們有能力實現更高的目標，或者如果我們希望能激發自己渴望擁有的某方面潛能，那麼就要相信自己具有這方面的才能，這樣就可以使相應的器官不斷強大起來，最終具備我們想要的能力。與此同時，還要始終相信自己可以做得比現在更好。如此一來，我們不僅可以使目前的工作穩步前進，而且可以為將來實現更高的目標打下基礎。

13當我們想自己具有某種能力的時候，一定要深入到這一思想的靈魂，深切地感受它。只有這樣才能啟動我們思想的創造性能量—人類天賦、才華與能力的泉源—我們賴以成就事業的偉大力量。相信自己能做的事就必須下定決心去做，而且決心要堅定無比，充斥著深沉的情感，深沉到足以激發全部生命的力量，將全部的力量凝聚起來為實現共同的目標而奮鬥。如此一來我們就具有了實現自己目標的能力，想做的事自然也可以成功地做到了。

★第十章 欲望的力量

1欲望產生與存在的目的就是為了通知人在某個特定時期有何需求，以滿足人生對變化與進步的不斷追求。要想實現這一目的，欲望需要發揮自己的兩大功能：第一，為身體機制的各種力量提供一個明確的奮鬥目標；第二，激發體內那些能為這一目標的實現做出貢獻的力量或器官。在行使第一個功能的過程中，欲望不僅促進了體內各種力量行動的一致性，而且促使它們團結起來，齊心協力為實現共同的目標而奮鬥。因此也就不難明白為什麼一個人的願望如果堅定、強烈而且持久的話，就極有可能會實現。

2如果我們可以發動全身的每一個元素、每一種力量為實現某一個目標而奮鬥，那麼就幾乎可以肯定，我們一定會成功。實際上應該是百分之百的肯定，除非我們想要的東西就目前情況而言根本不是我們力所能及。當然了，如果發生這種情況，就說明我們以前出現了判斷失誤，居然允許自己追求我們生存範圍之外的東西，因為像這樣的東西即使得到了與我們而言也是一無用處。

3任何我們可以欣賞、利用的在我們目前生存範圍之內的東西，我們就有那個能力去實現；也就是說，只要我們可以發動全部的力量為之奮鬥，就一定可以得到它；而如果我們極度渴望某物的話，就一定可以促使全身的力量行動起來向著共同的目標努力。

4欲望第二大功能的發揮是直接進入某些特定的器官或力量，因為這些器官或力量與我們要實現的目標直接相關，如果可以充分發揮它們的作用，一定可以實現我們的既定目標。欲望的第一大功能將身體機制的各種力量團結起來，激勵它們為某一特定的目標努力。這一功能是對整個身體機制而言的，為整個身體機制各環節指明了前進的目標與方向，並且使其成為唯一的目標與方向。第二大功能則具有很強的針對性，只針對身體機制的某些特定元素—與目標實現緊密相關的某些元素；欲望的作用就是激發這些元素的最大活力。

5欲望在實現目標的過程中是如何發揮自己的作用的呢？下面我們舉一個例子來說明一下。

6例如，一個人老覺得自己賺的錢不夠花，很自然，他希望自己能賺更多的錢。我們假定他這種想賺錢的欲望越來越強烈，體內的每一粒原子都開始蠢蠢欲動。那麼這會帶來什麼結果呢？他不僅成功喚醒了體內潛存的相當大一部分處在休眠狀態的能量，而且使體內原本活躍的能量變得更加活躍。但這些能量又怎麼樣了呢？這些能量直接湧入他體內負責賺錢的器官，使這些器官的生命與力量、能力與效率持續不斷地增強。在每個人的頭腦中都有那麼一組器官負責個人的財務狀態，不過有些人的器官生的較小而且相當懶散，而有些人的器官則相當發達而且非常活躍。自然，後一種人，也就是財務器官發達的人能比前一種人賺更多的錢，累積更多的財富。

7但是有沒有可能讓這些小而懶散的器官發達活躍起來呢？如果有的話，現在那些生活拮据的人有一天也可能會過上富裕的生活了。要想回答這一個問題，我們得先問問什麼可以讓人體器官更加發達、更加活躍，答案是更多的能量，更多越來越活躍的能量。

8不管一個器官有多麼懶惰，一旦為高度興奮的能量所控制，就只能會愈來愈活躍。不管一個器官有多麼不發達，如果可以不斷地吸收新的生命、能量與力量，日復一日，月復一月，年復一年，最終一定會發達起來。器官越發達、活躍就越可以更好地執行工作，也就是說，隨著器官能力與力量的不斷增強，終有一天可以實現我們的目標。

9再回到我們的例子上來，看看這個原理是怎樣產生作用的。這個人掌管財務的器官太不發達而且太懶散了，因而他賺的錢不夠花的。他開始希望自己可以賺更多的錢。他想賺錢的欲望愈來愈強烈，終於激發起他掌管財務的器官的全部力量，讓器官內所有的元素都活躍了起來；在這兒要記住的一點是，任何欲望的力量都是直接湧入可以使欲望本身得到滿足的器官，這是思想活動的一大定律。

10不僅如此，欲望力的活動還激發了身體機制的其他各種力，使得賺錢的思想支配了體內所有的力。起初，除了他本人變得越來越自信，相信自己有能力賺更多的錢外，沒發現他理財能力有什麼明顯的變化。然而過了一段時間，可能在幾個月後，他開始對如何推進自己的工作有了一些新的想法，思想開始更加關注如何才能賺錢。與此相對應，關於如何才能拓展自己的事業增加收入的想法也層出不窮，各種辦法、方法與計畫開始逐漸成型，並且日趨完美。掌管財務的器官本身也開始發生變化，變得愈來愈發達，愈來愈敏銳，以至於他整個人對財務問題的洞察力也開始逐步提高。因此，他已經使自己逐步具備了提高收入的必備條件，很快就可以時來運轉，財運恒昌。

11簡單地來說，他想賺更多錢的強烈而迫切的欲望成功激發了體內掌管財務的器官，使這些器官變得越來越強大、活躍、敏銳、高效。一個強大而敏銳的器官其工作效率要比處在休眠狀態時高很多倍，因此，我們也就明白了他想賺錢的欲望是如何讓他有能力賺更多錢的。隨著這一欲望的不斷發展，愈來愈強烈，愈來愈迫切，他理財的能力也不斷增加，而收入自然也會隨之相應地不斷增加。

12很多人可能對我們上面這個方法的有效性持懷疑態度，因為眾所周知，我們大多數人都希望自己能賺更多的錢，但卻並不是每一個人都可以如願以償。但是，這些人想賺錢的欲望是不是足夠強烈呢？偶然的、半心半意的願望是不能實現的。只有那些迫切的欲望，那些不僅持久而且傾注了我們身體、思想和靈魂全部生命與力量的迫切欲望才能實現。

13半心半意的欲望，其力量作用到某一特定器官上，並不能激發這一器官使其進入完全活躍的狀態，更不能統領身體機制的其他力量為實現共同的目標而奮鬥。而事實上，大多數人的欲望既不長久也稱不上強烈，屬於淺薄、偶然的欲望，甚至不能讓一個原子活躍起來。

14我們還要知道，並不是僅發揮一種力量的作用就可以得到我們想要的結果。

迫切的欲望力有時候可能會創造奇蹟，但是一般說來還需要與身體機制的其他各力量共同協作。然而，欲望力是身體機制各力量中最偉大的力之一，充分發揮欲望力的作用，將欲望力與我們的最佳才能結合起來，一定可以得到我們想要的東西。

15我們還可以舉出很多其他的例子。假設我們非常渴望能有更多、更好的朋友。如果這一欲望是強烈、迫切而且真心實意的，就會將友誼的品質烙印到我們身體的每一寸。結果是，不久之後，我們自己倒成了友誼的化身，也就是說，我們自己越來越成為一個合格的朋友，一個越來越合格的朋友自然可以不斷為自己贏得更多、更好的朋友了。換句話說，人如其所欲，也就是說，人會逐漸產生與其渴望得到的東西相似的品質，當這個相似度達到百分之百的時候，我們就可以得到自己想要的東西了，因為物以類聚，惺惺相惜是一條永恆的規律。

16你可能希望自己能在某一行取得成功，例如在文學上。如果你想在文學上取得成功的欲望非常強烈、迫切，欲望力就會源源不斷地湧入主管文學的器官，使其生命力、活躍度以及能力不斷增強，而你的文學造詣自然會隨之蒸蒸日上。

17在其他行業也是這樣，因為渴求成功的強烈欲望能夠激發掌管這一行的器官，使其越來越活躍。但是，不管哪行哪業，這種欲望都應深沉、強烈、迫切、一心一意才行。如此看來，能否在某一行取得成功在很大程度上顯然取決於欲望力的作用，因此，我們絕不能使自己的欲望力有絲毫鬆懈。

18在這裡，規則是這樣的：首先明確自己究竟想要什麼，然後用全部的生命與力量去追求，發揮欲望力的作用，讓思想與生命都活躍起來。這一點非常重要，因為千千萬萬的事實證明，缺乏活力是造成我們期待的目標不能實現的唯一原因。然而我們在某一方面的欲望一旦確定就必須毫不間斷地堅持下去，我們各種各樣的欲望可能會達二十之多，甚至可能更多，但是沒有關係，只要能將每一個欲望都堅持下去，除非必須得做出犧牲來確保我們既定更高目標的實現，否則絕不能輕易放棄或改變自己的欲望選擇。

19今天想要這個，明天又想要那個，就等於選擇了一無所成；而今年做這個，明年又做那個，到頭來每年都會兩手空空。在發揮欲望力的作用之前先要明確自己究竟想要什麼，因為我們一旦千辛萬苦地弄到手，想不要都不行了。

20如果還不清楚自己究竟想要什麼，那就希望自己能有更好的判斷力與理解力，希望生活更加平衡一些，希望自己能知道什麼才是符合自己的最大利益的，因為像這樣的欲望可以讓我們的身體機制進入正常的運轉狀態，這時我們就可以明確無誤地感知自己的最大利益之所在了。然而在確定自己的欲望時不要過於膽怯，不要僅憑表面印象確定其實現的可能性，要為自己樹立遠大的理想抱負，只要確定是在自己的能力範圍之內就行了，然而就這一點而言我們要記住：人與生俱來的能力比看起來不知要高多少倍，而且是可以不斷增加的。

21在選擇自己的欲望時要理智，但是要勇於追求最好的。如果欲望力的作用得到充分發揮，激發起我們體內潛存的巨大能量，使其不斷發展並釋放出來，我們就擁有了神奇的力量，不僅可以想要最好的，而且絕不會辜負了這最好的。

22後面這一點非常重要。我們在渴望得到美好的東西時也要問問自己有什麼可以回報這樣的美好。僅僅實現自己的理想，得到最美好的東西是不夠的，還必須不斷地完善自我，塑造一個美好的自我，這樣才能與美好的事物兩不辜負。

23在我們許下自己的理想之前，我們必須自問假若理想實現我們拿什麼來回報。因此，與我們對理想的追求相對應，我們必須也同樣追求自我的完善，只有這樣才能在各個方面配得上我們的理想，才配擁有這樣的理想。

24如果我們渴望能有一個理想的伴侶，那我們要追求的就不僅是理想中的伴侶，還有我們個人品質的完善，因為具有良好的品質才能讓我們自己先成為一個好伴侶。如果我們渴望能有一個新環境，那就應該用我們全部的生命與靈魂去追求，與此同時，還應追求我們自身能力的提高，因為只有這樣才能為自己贏得一個全新的環境。如果我們希望自己能身居要職，那麼我們在為這樣的職位時刻奮鬥的同時，也必須追求自我的全面提高，只有這樣，當我們得到這個職位的時候才能夠勝任。

25欲望的力量不僅可以使相應的器官產生新的生命與力量，而且使整個思想在相應的方面變得特別敏感、警覺。下面的這個事實足可以證明這一點：當我們強烈地渴望能得到某方面的資訊時，就總能發現有人或有什麼管道可以提供給我們相應的資訊，原因就在於我們思想的各器官在相應欲望力的驅動下，對此類資訊變得特別敏感。

26我們對智慧的追求，對更加理想的想法、計畫、機會、環境以及伴侶的追求自然也是同樣的道理。這一個事實，以及欲望力的應用可以增強相應器官的生命與活力、提高其工作能力與效率的事實讓我們不得不承認那些發現了欲望利用祕密的人的確可以稱得上是做了一個了不起的偉大發現。

27但是如前面所述，欲望必須強烈而迫切才行，凝聚我們全部的生命與靈魂。換句話說，我們必須是非常熱切地渴望，要達到一種什麼程度才可以呢？讓欲望的力量強烈到足以激發相應的器官，使其進入極度活躍的狀態，能夠實現欲望的目標。很多的欲望僅僅能夠輕輕喚醒相應的器官卻不足以使其活躍起來，而大多數的欲望甚至比這還要軟弱無力，不能對任何器官或力產生任何影響。但是，迫切的渴望並不意味著繁重的腦力勞動，如果這樣的話就是在消耗自己的能量而不是進行能量的轉化與有效利用。真正的欲望是深沉而強烈的，沿著實現欲望目標的方向，不懈地奔湧。

28所謂熱切的渴望就是全身心地渴求能得到我們想要的東西，但是如果我們只是有意識地這樣渴望是遠遠不夠的，潛意識裡也要這樣渴望著，否則就不能稱之為全身心，因為潛意識的自我也是自我的一部分，而且是相當大的一部分。

29要想讓每一個欲望都成為一種潛意識的欲望，就應該將潛意識囊括進欲望的產生與活動過程中來，也就是說，每一次表達自己欲望時都要同時想一想我們的潛意識，總是將欲望與潛意識聯繫在一起。

30我們的每一個欲望都應該可以深切地感覺到，因為凡是可以深切感覺到的心理活動都會進入我們的潛意識，成為一種潛意識的活動。

31讓我們的每一個欲望都進入更深層的意識可以說是一個非常不錯的辦法；在我們表達自己的欲望時，也就是充分發揮欲望力的作用時，讓欲望也能夠在我們更深層的意識裡發揮自己的威力。一次又一次不懈的努力是我們能夠熟練掌握某樣東西的唯一途徑，要想熟練地掌握上面的這些方法還需要我們多加練習。這其中沒有什麼需要特別遵守的規則，先一遍又一遍地感覺自己的欲望，盡可能讓這一欲望越來越強烈、越來越深沉，並且在腦海中一直將欲望力的運動與欲望目標實現直接相關的器官聯繫起來。

32舉個例子來說吧，如果我們渴望能在自己的工作上取得更大的成功，那就每一次表達這樣的欲望時都想一想與我們工作相關的器官，如果是個商人想取得商業上的成功，就想一想自己的經商器官，如果是個音樂家想有更深的音樂造詣，就想一想自己的音樂器官。

33假如萬一我們不知道自己的欲望是與什麼器官相關，那也不要緊，只要繼續堅持自己的欲望就行了，如果這一欲望足夠迫切強烈的話，終究會讓你夢想成真。

34當我們明白了欲望是如何發揮作用的，明白了只有迫切的欲望才會產生作用時，就會意識到我們不僅發現了一個大祕密，而且為生活中無數次的失敗與成功找到了一個簡單的解釋。從鐵一般的事實中我們得出一個結論，那就是：不管一個人今天怎麼樣，不管他是一種什麼狀況，身居什麼樣的職位，一旦明確了自己的奮鬥目標，用自己的生命與靈魂去追求，就一定可以如願以償。

★第十一章 專注和暗示的力量

1集中精力的目的就是要集中我們全部的力量來進行我們手中的工作，因此，集中精力可以說是打開成功大門的一把萬能鑰匙。最後的分析認為，力量的分散是造成一切失敗的根源，而力量的集中則是人們得以成功的根本原因。當然這並不是說精力集中與否是決定成功與失敗的唯一因素，但是，這至少告訴我們，精力必須高度集中，否則不管我們有什麼樣的好辦法，失敗最終都是不可避免的。我們「手頭正做的事」應該是我們思想關注的核心，而且可以非常肯定地說，只要我們的思想能時刻不停地繞著這一主題運轉，就可以達到精力的高度集中。

2我們打個比方就不難明白集中精力的巨大意義了。好比有一個由二十根輻條構成的輪子，每根輻條都是一根管子，而這二十根管子又與輪軸一一根通蒸汽的大管子相連接，因此，這二十根管子就構成了蒸汽的二十個輸出管道。現在將發動機連在其中的一根管子上，那麼發動機只能利用其中二十分之一的蒸汽，而剩下的二十分之十九則排放到了空氣中，白白地浪費掉了。但是，假若現在將剩下的十九根管子都堵住，這樣蒸汽就全部通過與發動機相連的那根管子傳送給了發動機，發動機的動力一下子就提高了二十倍。普通人的思想就像這樣的輪子，思想的輪軸，也就是思想的生命核心處，釋放出巨大的能量，但通常這些能量有很多不同的輸出管道，而通往行動的管道只是眾多管道中的一條，因此人在採取行動時可利用的能量其實只是其中非常有限的一小部分。但是我們要記住，要想達到能量的有效利用，必須將所有的能量用在同一個方向上，因此我們必須將所有其他的管道暫時堵起來，換句話說就是要將全部思想的力量都集中到我們正在做的事情上來。

3在學習集中精力時我們要知道，那些尋常的方法都是沒用的。試圖將思想或注意力固定到某一外在的物體上並不會有助於提高我們的精力集中程度。真正的集中精力是一項主觀的思想活動，而主觀思想是深層次的，也就是說，集中精力應該在思想的深處進行。然而，當我們將注意力集中在外在物體上時，比如盯住牆上的某個小點，就像某些自以為是的導師所建議的那樣，思想就開始走向表面化，因此並不是真正的集中精力。任何措施或思考方法一旦導致我們的思想走向表面化，就會造成思想的膚淺傾向，在這種膚淺的思想傾向的影響下，人就不可能再進行深層次的思想活動，但深層次的思想活動對於集中精力來說卻是必不可少的。

4如果不進行深層次的思想活動，想做到集中精力根本不可能，這是一大必要條件。換句話說，思想必須深入到心理層面，不能只停留在事物的表面，只有進行深層次的思考，才能使思想發揮作用。要想提高自己的注意力，我們所要做的就是有意識地運用這兩個要素，充分發揮它們的作用，而這兩個要素的運用有下面的兩個辦法就足夠了，就可以使我們的精力集中程度達到一個理想的狀態。第一種方法就是訓練我們的思想在主觀世界或心理層面的行動能力；換句話說，就是要使我們所有的思想、感情、思想活動、心願、欲望等不斷地深層次化，事實上，要使所有的心理活動都盡可能地深層次化。每當我們集中精力關注某一個主題或者物體的時候，都要用心去深切地感受，進行深入的思考，並將自己的思想轉化為深層次的情感。一旦我們的心理活動開始深化，就會發現自己可以非常從容地集中自己的注意力了，而且是百分之百的集中。

5無論我們思考什麼，都要試著感覺自己的思想正在進入我們思考物件的生命裡，不管我們關注什麼，都要試著去感覺自己的注意力在整個思想中運動的情形，而不是僅僅浮於表面。簡單地來說，我們在集中精力時，就要深化我們的思想，思想越深化，精力就能越集中。不管我們做什麼，在集中精力的同時，也不要忘了深化自己的思想，如此一來我們就會發現自己可以將全部的精力傾注到手上的工作中去，而這正是我們的目的。

6第二種方法是讓自己對需集中精力關注的事物感興趣。如果我們對這一主題或是物體並不感興趣，就要盡力找一個最有意思的角度來看。我們會吃驚地發現，不管這個物件看似多麼乏味，一旦我們想對它感興趣，就幾乎可以馬上對其產生濃厚的興趣，而眾所周知，一旦我們產生了濃厚的興趣，自然而然就可以高度地集中精力了。我們在實踐中應結合上述兩種方法，讓自己的精力高度集中，凝聚思想與精神的全部力量來實現自己的既定目標。

7總是從最有意思的角度來看待事物，與此同時，深化自己的思想活動，感受思想活動的內在生命力。如此一來，我們一方面可以對關注的物件產生濃厚的興趣，另一方面可以使自己的思想活動主觀化；而濃厚興趣與主觀思想活動的完美結合就產生了精力的高度集中。不斷實踐這兩種方法，可以提高我們集中精力的能力，讓我們能自如地控制自己的精力，想集中精力的時候，就能集中精力。擁有這一能力的巨大意義是不言而喻的，因為我們知道人體內蘊藏著巨大的力量，而這一能力可以讓我們凝聚起全部的力量來處理我們正在做的事。

8現代心理學家一致認為，人體內的力量只要能用在一處，往同一個方向使，就沒有什麼不可能的事。而人如果可以自如地集中精力，那麼無論想做什麼，就都可以做到力量集中了。科學的思考方式，建設性的心理活動，再結合以高度集中的精力，無論理想有多高，我們也一定可以勢在必得。在思想與精神力量的利用方面還有一個非常重要的因素，那就是理解啟示以及啟示背後的力量，而鑒於我們在任何地方、任何情況下可能見到的任何事物或遇到的任何情況都會給我們以這樣或那樣的啟示，這一重要因素的重要性更是不言而喻了。關於啟示我們可以定義如下：任何事物只要可以讓我們產生某些想法、觀點或者是某種情感，從而使我們頭腦中原有的想法、觀點或情感發生改變，就可以將其稱之為啟示。

9我們原本持有某種想法或感情，但是我們後來的所見所聞卻使這種想法或感情蕩然無存，這就是啟示對我們思想的影響。我們的思想原本是健康向上的，但是不健康的畫面卻徹底地改變了這種健康向上的狀態，使我們的思想變得消極墮落起來，這就是思想受啟示的力量支配的結果。我們本來很開心，但是見到的情景卻使我們想起了什麼，人一下子就鬱悶了起來，這也是啟示的力量在產生作用。實際上，以這種方式進入我們的思想、使我們的思想狀態發生改變的任何事物，都是利用了啟示的力量。因此，我們有必要瞭解這一力量是如何發揮作用的，因為只有這樣我們才能趨其利而避其害。

10我們大部分的人每時每刻都能接受到各種各樣的啟示，而且對其中的大部分都會有所反應。其實，實事求是地說，大部分人在絕大多數時間裡都被周圍環境的啟示所支配。但是，瞭解思想的力量，瞭解有害的啟示與有益的啟示之間的差別的人，則可以拒絕前者而敞開心胸歡迎後者。辦法就是，每當我們面臨不利的啟示，就立即轉移思想，將注意力集中到可以帶給我們相反啟示的想法或心理狀態上來；換句話說，當有害的啟示試圖對我們的思想產生不利影響時，堅持自我提示一些有益的想法。如果我們能在實踐中如此反覆練習，很快就可以使其成為一種潛意識的條件反射，使自己時時刻刻都處在一種警覺的狀態，一旦發現不利的啟示，思想就馬上自動發生轉移。

11為了避免使自己成為不利啟示的受害者—而生活中這樣的啟示卻無時無刻無處不在—我們就要用積極、健康的想法或啟示填滿我們的思想，如此以來就沒有剩餘的空間去想別的了。如果一直都感覺良好，外界的誘惑就不會有機可乘，從而讓我們想到不愉快的事情。把所有積極向上的思想都潛意識化，如此一來，外來的不利思想就任何時候都不可能進入我們的潛意識了。

12很多啟示並不會產生任何結果，這個我們知道得非常清楚，因為我們頭腦中的所有的想法都暗含著某種啟示。當我們試圖使自己對好的想法產生印象時，其實是希望這些想法所暗含的啟示能發揮作用，但事實卻並非如此，原因就在於，要想讓啟示產生作用，我們必須發揮啟示背後的力量。啟示本身不過是另一種力量藉以發揮作用的工具，這種力量就是啟示所要傳遞的思想的生命力。

13為理解方便起見，現在假設我們在向自己發出這樣的啟示：我們身體很健康。這一啟示本身不過是運載健康這一思想的工具，如果我們不能同時在思想上感受健康這一思想的內在力量，就沒有發揮啟示背後的力量，也就不能將健康這一思想傳遞到我們的潛意識中去。另一方面，如果我們在向自己發出健康啟示的同時可以深切地感受到這一思想的內在力量，我們就觸到了啟示背後的力量，而一旦能接觸就可以利用這一力量，因此，啟示就具備作用了。

14再進一步解釋一下：可以這麼說，每當我們在思想上感覺到啟示所傳遞的某種思想的內在生命力，就是利用了啟示背後的力量。當我們感覺到這一思想的時候，就對這一啟示做出了反應，如果沒感覺到，就是沒有反應。這就解釋了為什麼啟示經常不能發揮任何作用，不僅在日常生活中這樣，在心理治療中也經常碰到這樣的問題。當我們在想健康的同時也能深切感覺到健康的內在生命力，那就可以使我們的身體機制處於一種健康的狀態了；而當我們想和諧的時候，思想就能觸摸到和諧的靈魂，那一定可以創造身體機制的和諧；每當我們想起幸福的時候，思想上就沉浸在了幸福的海洋裡，那麼就一定可以產生幸福的心理，因為我們發揮了傳遞幸福的啟示背後的力量。

15兩個人可能在相同的情況下提出了一個同樣的建議，但我們卻只接受了其中一個人的提議而完全不理會另一個人在說什麼，原因就在於其中一個人僅僅是泛泛地談論自己的建議，而另一個人卻能讓建議本身來說話，其中一個人的思想只是在繞著所建議內容的周邊打轉，而另一個人的思想卻穿越了這一建議的內在生命。因此也就是說一個人只能利用建議本身，而另一個人卻可以利用建議背後的力量，而我們要想使建議具備作用就必須發揮其背後的力量。同樣的道理也展現在人們的演講中。當人們就某一主題做演講時，如果僅僅只是談論這一主題的外殼，就不能吸引聽眾，但如果可以觸及所講主題的內在生命，就能讓在場的所有人都聽得津津有味，原因就在於他們觸及了所講主題背後的力量。我們都會時不時地想向別人提出這樣或那樣的建議，這時如果我們能夠發揮建議背後的力量，別人就可能聽從我們的建議，否則，就不會有人理我們。

16這樣一來我們就明白瞭解如何運用啟示背後的力量的巨大價值了。想學習利用啟示背後的力量，我們可以訓練自己深入我們想表達的每一個思想的生命。當我們試圖讓某種想法活起來的時候，就表現出了其內在的力量，當我們試著去感受這些思想所蘊含的生命與真理時，就可以成功地讓這些思想活起來了。

17要想讓思想的力量結出最豐碩的果實，我們必須明白，生命中任何有形體，可運動的東西其背後都蘊藏著某種力量，正是這種力量的存在才產生了我們思想與心理的變化。如果我們僅僅能夠意識到一些想法或觀點的形體，那這些想法或觀點就不會產生任何作用，只有當我們深切地感覺到這些思想的靈魂時，我們才激發了唯一可以使心理世界發生變化的因素。任何思想或者啟示，如果傳遞的僅僅是一種外在的形體，就注定不會取得任何成果，是空洞的思想，不會使人產生任何印象。但是，如果我們可以同時傳遞思想內部所蘊含的生命與靈魂，那麼這些思想就成為活的思想，充滿生命與力量。這時，我們就進入了深層的思想世界，開始穿越思想深處的激流，開始利用思想世界深處所蘊藏的巨大能量。

★第十二章 意志力的發展

1倘若沒有正確的引導，人體內的力量就無法得到充分合理的運用，而意志力是人體內唯一可以引導或者控制這些力量的因素。因此，如果我們想要最大限度地利用這些力量，那麼我們對意志力的完善發展，以及對於它在任何情況下得以運用的透徹瞭解都是必不可少的。

2僅管我們對意志力的本質和特殊作用都有很深的瞭解，但要想給「意志力」下一個確切的定義卻是幾乎不可能的。在前面的章節中，我們提到對個體而言「本我」（the「I Am」）是最重要的原則。這裡需要補充的是，當「本我」在人體的任何一個部分發揮它的統治作用時，都會導致意志力的產生。換言之，意志力是「本我」的一種屬性。只要心中有一個明確的目標並且付諸行動，抱著持之以恆的態度和決心，那麼在這個過程中就悄然運用了「本我」的力量。故簡而言之，意志力就是「本我」在發起一種行為，或者對已成事實的行為施加影響後而產生的一種力量。

3意志力的作用是多方面的，其中主要的有以下幾種：作為創始人的意志力，指引的意志力；控制的意志力；思考的意志力；想像的意志力；欲望的意志力；行動的意志力；想出新的主意的意志力；將這些主意表達出來的意志力；為目標而實踐的意志力；將任何力量或者才能都發揮出來的意志力；以及將天分發揮到極致的意志力。通常最後一種作用會被忽視，但是它是現實生活中取得成就或者達到目標不可或缺的。

4為了更清楚地說明問題，我們假設你有若干種才能，這些才能都得到了很好的發展。除此以外，你還具有很多其他的能力和本領。但是這些才能怎樣才能得以施展呢？答案是如果不發揮意志力的作用，他們就很難表現出來。因此意志力的運用是必不可少的。但是需要強調的是，激發起這些才能並不是意志力唯一的作用。同樣為了說明問題，我們假設你的意志力非常薄弱，自然這些才能發展的原動力也就會弱。當我們明白了任何才能的發揮都需要有意志力的推動時，我們就認識到了意志力薄弱導致我們的行動缺乏魄力，做事三心二意，才能無法施展的問題。假若你的意志很堅強，那麼才能發展的原動力也就很強，才能施展則如魚得水，游刃有餘。

5簡而言之，倘若一項才能背後有強大意志力的支撐，則其能力和效率皆可達到事半功倍的效果；也就是說，你的才能可以發揮得更加充分，更上一個台階。由此我們就理解了堅強意志力的重要性。堅強的意志力不僅可以將我們具有的才能發揮得更加淋漓盡致，還可以將我們的個性、性情和思想中的各種力量都最大限度地激發出來。但是，堅強的意志力並不是指專橫或者強權。專橫反而顯示了意志力的薄弱，它只是看似不可一世，實為紙老虎而已，一時逞強，必不能長久。真正堅強的意志力是有深度，有持續性的，具有堅忍不拔的品質。它要求你全身心地投入，當你開始發揮你的意志力時，你會感覺體內如有一股巨大的力量慢慢湧動起來，經久不息。

6我們研究了人類的心理，發現大多數人的意志力都很薄弱，甚至有一些人毫無意志力可言。這些人絕不會果斷地去發起一件事情，也不會帶頭去做任何事情。他們不會掌握行動的主動權，只會隨波逐流，人云亦云而已。其他心理素質好一些的人意志力會稍微堅強一些，但仍不足以顯示出它的任何作用。還有一些我們可以稱之為「更高一級」（「the better class」）的人，這類人意志力發展相當完善。我們分析了一些在人生各個階段都可以獨佔鰲頭，遙遙領先，或者在各種活動中都能鶴立雞群的人，結果發現他們的意志力都非常堅強。歷史上任何思想巨匠無不具有堅強的意志力，這是他們的一件祕密武器。

7關於前面提到的最後一種特殊作用，我們也可以舉例進行分析。假設你具有一點音樂天賦，如果你僅是希望可以提高一個有限的幅度，那麼最後肯定不會取得顯著成效。而如果你的意志力足夠堅強，可以將你的音樂天賦充分發揮出來，最終你會發現你幾乎可以稱為音樂天才了。事實上，沒有一個堅強的意志力是絕不可能成為天才的，不論你的天賦有多高。

8關於這方面必須銘記的是僅僅有堅強的意志力是遠遠不夠的。大多數人不具備堅強的意志力，而具有堅強意志力的人很多也沒有掌握如何運用它以保證做事情的高效性。在這兒還需要強調一點，如果一個人可以增強其意志力，並且稍加鍛鍊，那麼他做事情的效率就有希望提高四分之一，甚至兩倍。多數人所具有的能力和辦事水準都是他們所表現出來的許多倍；他們利用起來的僅是一小部分。而他們不能全部利用的原因正是他們沒有足夠強的意志力。

9還有一個相關情況也是很重要的，尤其是在外在環境不容樂觀的情況下。許多人都有明確的目標，他們也有堅強的意志力確定這些目標，但是卻沒有足夠強的意志力付諸實踐。也就是說，他們有意志去思考，但是沒有意志行動。在此發揮一下想像力，假若所有的想法都可以轉化成行動，則人類可以無往不勝，成就一切事業。人們做事都可以有一個良好的開端，卻沒有堅強的意志力堅持到底。所以最初站在起跑線上的有成千上萬人，而最後能跑到終點的人卻是寥寥無幾。這是在各行各業中比比皆是的現象，雄辯的事實向我們揭示了堅強意志力的重要性。

10認識到堅強意志力的重要性，並且瞭解到大多數人都會意志力薄弱的情況後，你也許要問了，是什麼原因導致了意志力的薄弱？意志力的薄弱是有若干個因素造成的，我們逐一來分析。第一個因素就是酒精。酒精可以削弱人的意志，它不僅會危害飲酒的個人，還會牽連到他的子孫後代，影響幾代人。有關專家研究表明，數百年來，酒精在人類中代代相傳，這是一個導致人類意志力薄弱的重要原因。對此我們可以從心理學方面找到解釋。我們對各個民族追根溯源，可以發現幾乎每一個民族都與酒精有著千絲萬縷的聯繫。因為酒精對意志力的削弱作用可以一代一代地往下延續，由此我們可以看出這個民族的每一個個體都會由於遺傳的因素或多或少地受到影響。但是我們沒必要為這一點擔憂，因為不管我們遺傳到多麼壞的因素，我們都可以透過後天努力將其完全克服。但是，我們也不希望以我們自身為起點創造新的不利的遺傳因素，並希望我們的後代也是如此。

11因此，我們有必要對其進行通盤考慮，然後做出相應行動。薄弱的意志具有遺傳性，因此在人類史上思想的強者是可遇不可求的。歷史上，我們零星可以看到一些不平凡的男男女女，他們思想堅定，意志堅強，其精神頗具感染力。而其他泛泛之輩則大多隨波逐流，盲目追隨這些民族中造就的思想巨匠。然而這並不是自然界的本意。大自然旨在使每個人都成為思想和靈魂的巨人，而不是服從他人的意願。然而人類卻違背了大自然的這一意願。

12至於酒精削弱人的意志力的原因，這是很容易理解的。如果你對任何企圖控制你的欲望、感覺和意願的物質放行，允許其進入你的體內，那麼你就是心甘情願地將自己交由這些「外來侵略者」掌控，自然也就對自身的意志置若罔聞。一旦因為這些外界因素而忽視了自身的意志，你的意志力必然遭到削弱，不管這些外界因素是什麼。因為你在無形當中已經破壞了意志力的根基，它沒有力量再去發揮它的引導或者控制作用了。如果任由這種破壞力持續下去，或者反覆幾次，那麼意志力的逐漸削弱直至其根基完全被摧毀也就不難理解了。

13如果在很長的一段時間內，你都會時而將自己的感覺和情緒「託付」給一個外界物質代理，那麼你的身體就會慢慢地習慣於被其控制，逆來順受。即使你的意志力企圖扭轉這一局面也已無迴天之力了。由此我們心中的許多疑問都已找到了解釋。我們明白了為什麼人類中偉大者寥寥無幾；明白了為什麼大多數人都抗拒不了誘惑。我們明白了為什麼意志堅定的人屈指可數；明白了為什麼歷史上曾經輝煌一時的民族都無法逃避衰落的結局。

14回顧歷史我們會發現任何一個偉大的民族在達到了頂峰之後必然走向衰落。這一不可思議的民族力量的終結背後有著若干原因。其中有一個原因最為顯著，且為其他原因之源。那就是民族中偉人的減少，這一現象是民族走向衰弱的前兆。要使一個民族保持在一個高的文明水準上，就必須以足夠多的優秀人才為重心來維持這種力量的平衡，一旦這一重心被轉移到其他次之的人們身上，民族的衰亡就無法避免了。由此可見，如果一個偉大的民族想要世代永存，國富民強，就必須努力培養偉大的人，並且堅持這一原則不動搖。一個民族越是強盛，對偉大之人的需求越多，這些偉大的人充當著管理和引導民族發展力量的角色。所以，如果希望將我們的文明程度提高到一個新的水準，我們對目前的當務之急也就了然於胸了。

15另一個導致意志力薄弱的原因可以稱之為對超然的過度迷戀（psychical excess）。在過去的五十到七十五年間，人們像著了魔一樣地相信超然，他們時時刻刻地受著超然的影響，這是很可悲的。雖然在過去的每個年代都會有許多人將自己交由超然的事物或者神祕的東西來控制，或者受其影響，但沒有這個階段如此失去理智。因此這種對超然的信任就開始代代流傳，即將成為另一個導致人類意志力薄弱的遺傳因素。我們現在必須努力消除這種對思想的濫用帶來的不良後果。但是這並不可怕，要記住不管我們遺傳到多麼壞的因素，我們都可以透過後天努力將其完全克服。

16如果面對外界一些不可知或者知之甚少的力量，你放棄了自己的個性，或者放棄了思想或者精神的一部分，那麼你就是向他們妥協，將自己意志力的大權拱手交給了這些外界力量代理。你對自身意志力置之不理，從某種程度上動搖了它的地位，因此也就摧毀了意志力中自制和自控的因素。對超然力量的過度依賴，對明顯地表現在以下事實上，對超然經驗尤其嚮往的人幾乎無一例外地全都缺乏自制力。這些人易受外界影響，他們往往見風就倒，他人的任何意見，環境的任何變化都會引起他們內心的躁動。

17但是在這兒我們要捫心自問：我們到底是為什麼而生活—我們是為了向周圍環境的影響低頭而活，抑或是為了完全掌握自身的能量和才能，我們不僅可以控制，改變或者改善環境，而且擁有足夠強的自制力可以把自己變成我們應該成為的人。如果我們希望能夠一日千里，就必須有超強的自控能力。但是倘若我們任由自己長期地被外界因素控制，就不可能知道如何掌握自我。那些多多少少沉溺於超然經驗的人都是心甘情願地將自己交由外界來掌控，因此他們日漸丟失了自我。就像我們觀察到的那樣，他們的性格越來越軟弱，他們的道德標準與是非原則越來越模糊。他們原本自身具備的一些能力本領，如能妥善利用則可助他們有所成就，但是現在他們開發利用這些本領的能力日趨喪失，不論是在工作能力上還是辦事效率上他們都退化很多。

18如果一個人希望能夠過自己想要的生活，如果他想要將周圍環境置於自己掌控之中，如果他希望能夠掌握自己命運，他必須有魄力在任何條件下都勇於表達自我，勇於透露自己的計畫；但是，除非他可以在生活中用他的意志力完全控制自己的每一個想法，每一個打算和每一個欲望，否則以上希望全歸於空想。

19過於情緒化是另外一個致使意志力削弱的因素。「過於情緒化」指的是情緒易於失控。憤怒、仇恨、熱情、興奮、緊張、敏感、悲傷、失望、絕望等等情緒如不加控制都會對意志力產生削弱作用。因為倘若你任由內心感情肆意流淌，佔據心靈，那麼你就會將意志力束之高閣，而且，任何不受意志力約束的行為都會削弱意志力。經不住打擊，內心脆弱會削弱意志力；垂頭喪氣，失望無比都會削弱意志力；情緒悲傷，精神緊張或者興奮激動也會削弱意志力。一旦你任由一些消極的情緒在內心縱橫馳騁，意志力就毫無立足之處。因此，我們應該萬分小心，以防掉入過於情緒化的泥潭。我們絕不能允許任何情緒控制我們內心，也絕不允許自己受任何失控情緒的影響，不論何種形式。但這並不意味著我們要忽視我們的情緒。情緒對人類而言是最寶貴的財富，我們應該善待之，並且時刻享受擁有它的愜意，但是我們不能任由它演化為我們思想、心理和感情的支配性因素。

20或許你會在欣賞一幅畫時，迷失於它的美麗之中；或許你會在聆聽一首不尋常的曲子時，醉心於它的優美，它的和諧之音會使你忘掉自我；或許你會陶醉於自然景色之美，放飛心情，飄飄欲仙。如果你對自己的情緒有很好的自制力，你就可以隨時隨地享受一切美好事物。當你感覺到有一種強烈的情緒即將來臨，就盡力引導這種情緒的能量流向一種更有益的表達方式；這樣你就不會受它控制，而是努力去控制它，然後盡情地享受這種情緒帶來的樂趣。

21對於任何感覺，不論是生理的，心理的，還是精神上的，只要我們稍加控制，並且為其尋找一個更加廣闊的表達方式，我們就能享受到無盡的樂趣。因此說，控制情緒只會使我們有所得而無所失。

22第三個削弱意志力的因素是心理依賴性。對於外界任何人或任何事物的依賴都是對意志力的削弱。原因很簡單，你無原則地順從他人的意志，從而將自身意志置於「休眠」狀態。而處於休眠狀態的事物是不會有所發展的，而只會逐漸退化，就像身體的肌肉，多日不鍛鍊就會毫無力度可言。這樣我們就明白了為什麼那些教徒或者盲目順從他人領導的人們會完全喪失意志力。在這裡我們要說，如果一個人或者一群人不論在任何情況下都盲目跟隨一個人或另一群人，那是完完全全錯誤的。

23我們活著是為了有所成就。我們的目的是為了更好地利用自身的思想、性格和個性。但是如果我們只是怯懦的依賴者，我們就無法調動起體內的任何因素、才能或力量讓他們更好地表現出來。做任何事情，都只能依靠自己，但又要與周圍環境和諧相處。甚至對於上帝（the Infinite），都不要產生依賴，而是要學會與上帝和諧相處，共同合作。基督教的最高教義就向我們揭示了這樣的原則：任何人都不是生來就是最高權力（Supreme Power）掌中的玩物；相反，每個人都應與之具有高度統一性。這就預示著耶穌做到的我們也能做到，還能做得更好。

24一個還處在蒙昧未開化階段的人並不是最高創造力（Supreme Creative Power）的「作品」，只有等到他發展成為一個性格、思想和靈魂的巨匠，這才是最高創造力之所為。宗教思想中，我們總是對上帝極盡讚美之事，因為上帝創造了人類，緊接著，我們禱念頌詞「我們無法超越」（Oh To Be Nothing），這其中的荒謬無需更多的評論。但是，我們明白除了實際的生活效率，性格和人性也都是力量產生的，並非軟弱。由此，我們得出結論，現代思想中的任何體系，包括宗教、道德、倫理還有哲學都有必要全部重建。

25第四個導致意志力削弱的原因很寬泛，表現形式多樣，無法細分，我們可以稱之為「毫無節制」（intemperance），就是說不懂得生活中的「適度原則」。毫無節制地沉溺於一種欲望或者一種嗜好，不管是心理上還是生理上的，都會削弱意志力。可以有一些積極的有益的欲望或愛好，但要注意適度。在任何情況下都要控制自己，做事萬不可過度，因為物極必反。意志力薄弱的後果數不勝數，但其中兩點值得特別注意。

26第一點是，如果意志力薄弱，則人們就很難抵制住外界誘惑，致使道德卑微，甚至帶來道德淪喪的後果。從廣泛意義上講，沒有堅強的意志就沒有性格，而沒有性格則是無法成就任何事業。

27第二點是，意志力的薄弱就意味著思想行動力的薄弱；無論你天生能力有多強，只要缺乏堅強的意志力，你就只能運用這些能力的一小部分；很多有能力的男男女女在生活中並沒有成功就是因為他們沒有堅強的意志力來運用他們全部的能力。只要他們肯努力增強自身意志力並且適當加以鍛鍊，很快就可以轉敗為勝，取得顯著成果，這種例子不勝枚舉。只有堅強的意志力才能為你所擁有的才能或本領提供展示的舞台，也只有堅強的意志力才將你才能的發揮推到一個制高點。

28在學習培養和運用意志力的過程中我們可以領悟到意志力的重要性。清楚地明白了意志力的多種作用後，很好地運用使其將這些作用發揮出來。我們要避免一切有削弱意志力傾向的因素，並且盡一切可能增強意志力。堅決不向任何感覺和欲望屈服，直到自己可以隨心所欲地操控這一感覺或欲望。自己想怎麼感覺就怎麼感覺，然後調動起你所有的感覺去感受。一旦心中有了一種感受，用你的意志力緊緊地握住它，引導它，從而使其更加強烈。經常有意識地調動你的意志力將你官能效率的發揮推到一個最高點；當你在工作中運用這些官能時，盡力用意志力促使它們產生最可觀的效果。這種作法是很有意義的，如能每天堅持，持續一段時間之後，不但可以增強這些官能的功能和品質，還可以增強意志力，這是毫無疑問地。

29 一旦你想要去做一件事情，就竭盡全力去做。這樣你的意志力在一個月之內即可變成原來兩倍。下定決心為目標而努力。但絕不向己所不欲之事低頭。當心中產生一絲不快的念頭就趁早轉變注意力，想一些愉快的事情，集中精力在一些有意義的欲望追求上面。這一點尤其重要，很多的人都為沒有價值的追求耗費了過多的精力，也為自己本不想做的事情浪費了時間。因此當心中產生一絲想法時捫心自問一下這是不是自己想要的。如果不是自己想要的，那麼，就將注意力轉移到其他事物上；如果確實是自己想要的，就靠著堅強的意志力把握好它，並且給予正確引導使其發展壯大。

30簡而言之，任何一個行動，不論其是否透過思想、感覺、欲望和想像而進入人體，都應該透過意志力的再次調整而變成更加高尚更加偉大的行動。思考時，要集中精力，一心一意地去想，萬不可三心二意。行動時，要用盡全力，堅定不移地去做，萬不可猶豫不決。也就是說，對於所思所想所做都要付出全部的精力。這樣才可以說你掌握了運用意志力的鑰匙，在其作用充分發揮之後，意志力才能得到進一步的增強與發展。

31努力深化你的心理活動和思想，也就是說，不要將思想留於表面，而是要深刻地去思考。讓你的思想與行動帶有深度。由此意志力的行動也會更加堅定，它在你的個性中會根深柢固，而不會只存在於主觀思想的表面。

32留於表面的意志與根基穩固的意志力的差別在日常生活中處處可見。假若你想做一件事，但是你的決定會受到他人意見的左右，這就說明你的意志力還僅停留在表面，意志薄弱。但是如果你主意已定，任何人都無法動搖你的決心，那麼就說明你的意志力達到了一定深度。越是容易受外界干擾，說明意志力越薄弱；而意志力越堅強，受外界干擾的影響就會越小。意志力堅強時，你會從心底自發地想要鍛鍊自身的自制力，對於外界事物你總會「旁觀者清」，但卻不會陷入其中，被其困擾。

33培養意志力時，要盡可能地向深處挖掘，將其根植於你的內心；也就是說，不要讓意志力的行動留於表面，而要讓它變成你個性的一部分。試著感受一下，是內心的「本我」（the「I Am」）在鍛鍊你的意志力，然後要記住「本我」會永久地佔據著完全自制的最重要位置。這種令人振奮的力量持續在心間就會使你的意志力越來越走向內心深處，並且成為你思想中的最高準則。你的意志力會不斷增強，這種意志力可以幫助你對更真實的自我進行有意識地控制，透過這種控制你所擁有的全部力量都將處於你的掌控之中。

★第十三章 培養偉大的思想

1偉大的思想並不是從父輩繼承來的，而是由自身從生活中，從思想及行動中得到的。任何人理解了培養思想的技巧都可以具備這樣的偉大思想。或許今天你的思想不是那麼完善，而且你的祖先也都不是具有偉大思想之人，但是，你依然可以按照科學的方法培養你的思想，這些方法對任何人都適用。

2但是，在培養偉大思想之前，首先必須清除兩個障礙：一個是現在人們普遍相信的關於遺傳之說法。的確，我們都會從父輩那裡遺傳到一些素質，這是毋庸置疑的。但是，如果說我們不可能超越前輩，那就是完全錯誤的了。如果一個人相信因為他的祖先也都沒有人具有偉大的思想，所以他也不可能具有，那麼這個人就給自己的發展設置了障礙，他所能達到的水準絕不會超過他自身潛意識中為自己定下的目標。另一方面，如果一個人認為他們的父輩取得了非凡的成就，那麼他們自己必然也可以做得很好，那麼這個人很有可能將一事無成。因為他將希望完全寄託在了從父輩那裡獲得的遺傳上了，自身並沒有付出努力。

3從志向、精力和所從事的事業上看，血緣是有一定解釋力的。但是，如果一個人期望能繼承父輩的偉大之處，那麼再近的血緣關係都是發揮不了作用的。即使我們透過遺傳繼承了一些好的素質，我們也得好好利用它，否則得不到任何發展。我們的成功並不取決於父輩的能力如何，而是完全由我們自身的表現決定。那些出身豪門之人在自身塑造方面有著天生的優勢，他們可以利用這一優越條件助己一臂之力。其他不具備這一優勢的人也不必因此而垂頭喪氣，他們可以自力更生創造出同樣優越的條件。

4其實你的父輩成功與否並不重要，不要將心思放在這一點上。只要你具有某些好的素質條件，那麼就好好利用它；如果你天生沒有具有這些必備素質，那麼就透過鍛鍊努力得到它。一定要堅信：透過努力你就可以成為自己理想中的人物。如果你遺傳了一些不太好的習性，那只是能力產生偏差造成的。學著去朝正確的方向引導自身的能量，那麼這些不好的習性就會轉化為發展前進的動力。

5我們時常會遇到一些這樣的人，他們天生具有某方面才能，卻總認為自己不可能在這方面取得成就，因為他們的祖先中就沒有產生過這樣的天才。試想一下，如果他們家族中曾產生過這樣的天才，那麼這個天才的才華又是從哪裡得來的呢？如果我們的才華都是從父輩處繼承來的，那第一個具有才華之人的又是從哪裡繼承來的呢？如果一個人的成就必定要有一個來源，那麼這個來源就是我們自己。他人在他們的時代創造的成就，我們在自己的時代依然可以創造。那種認為我們只有從父輩那兒繼承一些偉大的素質之後，我們自己才能成為偉大之人的想法是沒有任何科學依據的。有一些很有希望成就偉大思想的人至今依然沒沒無聞就是因為他們被這種想法羈絆了。

6如果你認為遺傳因素對你不利因此你也不可能有所成就，那麼我們接下來要進行的思想培養對你來說將是一個備受折磨的過程。並且，這樣想的後果是你不會取得任何進步，你只能落在別人後面。直到你猛然意識到是你自身的能力而非其他因素決定了你是否能夠成為你理想中的人物之後，你在學習和工作中才會上一個新的台階。如果你堅信你可以做得更好並且在生活、思考和行動中都切實貫徹這一信仰，那麼你所做的一切都會幫助你做得更好，你的能力和精力都會得到發展，生活本身就會成為一個培養思想的過程。

7所以說即使一個人的家族中從來沒有產生過具有偉大思想之人，這個人也有可能變成偉大之人。這是得到許多思想家認可的事實。但是如果一個人天生具有非凡的能力，而其他人對此人並不抱有希望，那結果也是枉然。這就是我們講的培養思想的第二大障礙。要想有所成就，這一障礙也是必須要清除的。因為我們發現自卑的人中有四分之三之多都是因為有「普通人什麼都不是」的想法而造成自卑的。但是，心理學界最新研究成果表明，一無是處的人是不存在的。所有的思想都有相同的機率可以變得偉大，儘管大多數的機率被大多數的思想所佔據著。

8偉大的思想和平凡的思想僅有一點不同，那就是偉大的思想中偉大的可能性可以轉化為積極的行動，而平凡的思想中這種可能性卻被自身的惰性抹殺了。如果我們相信有一個人一無是處，那就和存在的本質相違背了。因為作為一個人，他肯定和其他人一樣有不凡之處。或許他的行為中並沒有表現出來，或許他的思想看起來並不偉大，但是這種偉大的可能性還是存在的。他的思想中必定有種天分，因為每個人頭腦中都有天分，只是大部分人的天分沒有被激發出來而已。

9我們可以諄諄教誨每一個孩子，傳輸給他們這樣的真理：每個人的潛意識中都有無限的可能性，透過科學的手段發掘這種可能性，那每個人都可以成為他們想成為的人。這樣我們就為打造一個世代聞名的偉大民族奠定了堅實的基礎。其實，我們不必等著後代去實現這種可能。當代每一個開始運用這一真理的人都可以從現在開始充實他們的頭腦，並且可以持續下去永不停息。

10清除了上述兩個障礙，並且樹立起我們自身具有無限可能性的信念之後，我們就不僅可以成為我們所期望成為的人了，並且可以開始培養偉大的思想了。為了更好地完成這一偉大工程，需將以下兩個因素銘記在心：那就是廣度（scope）和聰明度（brilliancy），兩個因素缺一不可。一個人的思想如果不夠聰明，即使有足夠的廣度，其價值也微乎其微。同樣地，如果一個人的思想很受局限，不論其有多麼聰明，價值依然很有限。一個偉大的思想應該可以包容一切並且透視一切。包容一切說明它的廣度可觀，而透視一切則是說明了它的聰明度不凡。

11要想讓你的思想包容一切，就必須讓做出的每一個舉動都朝著超越一切的目標而努力。如果你的思想被某一件或某一些事情所控制，那麼這種感覺或者欲望就會使你的思想很受局限。所以不管是從博愛，支持還是動機方面，行動的範圍必須廣泛。如果你將播撒愛的範圍僅僅集中在一小部分人身上，那麼愛的回報也就僅僅局限在這一小部分人中間。同樣，如若你支持的對象也僅僅是極少數人，那麼你所做的行為的收效也是微小的。如果我們只是為個人而生活，我們的思想也就會充滿了利己色彩。要想使我們的感情和行動都全面到位，就必須對我們的思想傾向進行培養，這對於培養一個偉大的思想來說是絕對必要的。

12只有在所有的思想力都湧向四面八方無限的邊緣時，思想才可以超越極限；因此，所有的思想動力都應該具有這種超越的可能性。為了擴大思想的廣度，意識必須發散，並且方向正確，這樣才能夠避免在思想培養過程中遇到障礙。但是，思想的局限又通常會帶來這些障礙。因此，只有努力做到思想的全面到位才能避免這些障礙的產生。

13我們的思想中，確實存在愛的能力，但是我們必須努力使其全面化。也就是說，我們必須樹立大愛無疆的意識。只要還有可能，思想必須發展得全面到位，我們要堅信無論現在思想有多麼廣闊，它依然可以無止境地延伸。只要你想要你的思想停止進步，它隨時都可以做到。思想是持續發展的，因此每天要盡其所能地進步來滿足需求。兩個人的感情也是如此，如果是男女之情，那麼這種愛的感覺必須是建立在兩者都有能力相愛並且愛情日益升溫永無止境的基礎上。愛得越深，所愛之人在自己心目中越是完美。兩情相悅，愛人甚是與眾不同，這種想法會越來越強烈。

14當相愛對方對愛人的本性都讚歎不已時，他們之間的愛就有可能無所不在，天長地久了。由此可見，一個人是透過意識到在對方眼中自己的發展而發展的，在這種意義上，雙方越是真愛對方，就越是覺得對方可愛。此外，雙方的思想會更加包容，因為當愛包容一切時，整個思想也會更加包容，思想中沒有任何力量比愛更偉大。

15同樣道理，親子之間的愛也可以發展到全面的程度。父母會愛孩子的一切，不僅愛他們實實在在的人，也愛他們稚氣未脫的好奇心。孩子更會愛父母的一切，這也是為什麼保持童心的生活會更加無拘無束，更加接近理想和完美。父母如果也像孩子一樣，那麼親子之間就會產生一種深深的無可抗拒的愛。

16這種愛不僅是指對人或有形事物的感情，也可以是對超越有形的事物的感情，比方說，幻覺中的事物，或者對未來事物的期待。這種愛可以使思想更加包容，這是大家都能理解的，因為當愛足夠強烈時，思想中的一切因素都會因愛而動。但是我們不能指望依照此方法讓自己少愛某個人一點。事實上，我們應該無限地多愛他人一點，因為我們要逐漸清晰地認識到我們眼前的這個人就是我們稱之為美麗心靈的代表，他是唯一可以滿足我們對於心靈交流的渴求的人。

17同樣地，對於每一件事物的愛都可以如此包容。甚至通常被認為非常局限的友情都是如此，它也可以同樣地沒有邊界。當友情達到這種境界時，你每天都可以在你朋友身上發現值得欣賞之處。這樣你們彼此都會相互發現，相互欣賞，之後你每天都會對無止境的友情有新的解讀，每天都會從對方那裡發現驚喜。理解支持也是可以變得更加包容。也就是說，千萬不要支持少數人，而是要支持大多數人。少數人凝聚起來就是多數人，支持大多數思想就會變得偉大。

18在目標、目的和動機方面，幾乎每一種思考活動都可以佔據一部分空間，而且這些目標自身的局限性具有很強的持續性。如果想要培養偉大的思想，這種局限性是必須消除的，因為思考的每一種活動都旨在擴大自身的範圍。為了讓每一種目標或者目的在行為中在行動中展現出其全面性，我們的思考必須對要做的每一件事上從它的性質、範圍方面都有所超越。如果我們將自己的思想限制在某一個範圍，我們的思考活動也就受到局限了。但是如果我們不滿足於現狀，試圖超越目前狀況所做的要求，我們就可以使目標更加遠大，可以得到比滿足於現狀更多的回報，這樣我們也就將所有的目標和目的從其局限中解脫出來了。我們不能僅僅滿足完成目前發展中所要求的事情，同時也要擴大我們的眼界，看得長遠一些。

19不論我們的生活目的是什麼，我們都完全有必要確立一個明確的目標，但是我們又不能讓這一目標受局限。我們必須有這樣一種信念，我們的目標是極其廣泛遠大，甚至在想像中都是不可量化的。如果我們在頭腦中將目標侷限在某一範圍，那麼我們所有的創造力也就相應地將自身固化了。無論它們的實際能力如何，它們所能做出的創造也是有限的了，或許這其中可以相差數倍。但是如果我們將我們的目標看作是無限遠大的，那麼我們的創造力就可以完全爆發出來，並且朝著最高目標而努力。有限的創造力得到無限的發揮，這樣思想每一天都會有所超越。

20在欲望方面，依然如此，我們永遠不要對其加以限制。思考活動中欲望對一個人命運的影響最為深刻，是其他活動無可比擬的。如若欲望微小或者邪惡，一個人就會誤入歧途，生活越來越糟。欲望漸漸轉化，變得積極向上，則生活中的一切都會好轉。在實際行動中將欲望變得廣泛，則每一種欲望都應該為成長和發展而產生。這些欲望對於生活廣度的擴大產生至關重要的作用。因此，欲望也應該有所改變。

21要使你的目標變得更加廣泛，得到更多發展，你必須在人生過程中不斷地發展自我，提高自我。處於此目的，每種行動都得有所提高，這些行動都是欲望產生的，因此對於自我發展無益的欲望要有所克制。但是，為了發展而將某一種欲望壓抑在心底也是沒有必要的。因為每種欲望都可以經過改善而有益於發展。當思想中有一種不可抵抗的力量想要達到一個目標時，那麼內心的每一種欲望都朝著這一目標努力，所有的創造力也都會為之做出貢獻，致力於培養一個偉大的思想。

22有這樣一個公理，當你努力將所有的思想行動都變廣泛時，它們就會無止境地擴展下去。這樣培養偉大思想的第一要素—廣度的問題就解決了。為了提高第二個要素—聰明的頭腦，所有的思考活動都要盡善盡美。也就是說，所有思考活動的振動頻率都要盡可能地高。要看透一切就要求思想能夠散發出最敏銳的光線。因為這種思想的光芒都是由思考行動的振動帶來的，這些行動都要足夠高尚。

23智慧的光芒是由思想產生的。人越聰明，智慧的力量就越偉大，辨別力越敏銳，理解力、能力越強，同樣，天分也越明顯。思想漸漸散發出智慧的光芒，那麼能夠創造智慧的思想力就會增強。為了使頭腦更加靈活，所有的精力都應該集中到對智慧的理解上。思想的每一絲力量都應該活躍起來。要努力去發現事物中美好的一面，從而忽略黑暗的另一面。思想中任何罪惡的、令人沮喪的想法都要被積極的、令人鼓舞的想法所取代。因為思想要集中在意識中閃光的一面。思想在每個方面都要保持高尚，思想越是高尚，人的頭腦越是聰慧。

24為了保證思想振動的高頻率，必須要有足夠的創造力，並且把這些創造力全部用於服務思想振動上。這時所需的就是將產生的能量保持在體內。人體每天都會創造大量的能量。因此，當這些能量產生並且轉化為思想所需動力時，思想中就會充滿了能夠提高思想能力的能量。被某一種強烈的欲望啟動的思想總是充滿智慧，並且會變得越來越聰慧，因為以上我們發現的規律可以堅定不移地持久地發揮作用。

★第十四章 性格決定命運

1生活中一切因素本身都是美好的，在行動中也應該產生好的結果。但前提條件是，我們的行為能夠得到正確的引導。如果我們的行為被誤導，那麼罪惡就產生了，這也就是為什麼人生當中會有錯誤。世界上一切錯誤都是由於對正確因素的曲解濫用導致的。因此，一個人要想學會不犯錯誤，就必須學會合理地運用自身能力所及範圍內的一切積極因素。

2對於事物的誤用要麼是由於對事物的不瞭解引起的，要麼是由於缺乏意志導致的，或者兩種因素都有。一個人如果不瞭解他所生存的這個世界上的因素和力量，他就會犯很多錯誤，甚至會把每一件事情都搞得很糟糕，除非他身邊有一位理解者給予他指導。一個擁有偉大思想者的指導是非常有必要的，但僅有這種指導是遠遠不夠的。只有當一個人的行為簡單明瞭時，偉大思想者的指導才可以在某種程度上提供幫助。但是要取得更大的進步，其行為就會更加複雜，這就需要行為者自身能夠掌握生活的規則。他們不能再依賴於他人，只能依靠自己。因此，僅管偉大思想者的引導是有必要的，學會利用這種引導也是有必要的。不要將廣大群眾蒙蔽於愚昧之中，讓他們總是依賴別人。而應該提高每一個人的素質，讓他們不再需要外界的幫助。

3強者的真正意圖在於提高弱者的能力，而不是讓他們維持現狀，依然依靠強者。我們的總目標是培養更多的強者，盡一切可能讓大部分人走向獨立。人是從童年時期過後開始成就未來的。但是如果一個人想要成為強者，不願尋求他人幫助，他的童年並不一定要持續很長時間，也不會持續很長時間。

4那些瞭解生活規則的人會告訴其他對規則不瞭解的人應該做什麼，不應該做什麼，這樣他們就能避免去犯很多常見的錯誤。但是事實表明並不是所有的錯誤都可以因此而避免，因為實施採納別人的建議也是需要對生活規律的一定瞭解。如果對此一無所知，就會導致處處對事物的濫用。不論智者可以給他們提供多麼明智的建議，都不能保證他不再犯錯誤。而對於生活規則略有瞭解的人來說，他們則大多會頗為自信地不去徵求高人意見而貿然行事。由此可見，對生活規則多一些瞭解對每個人來說都是一劑避免犯錯誤的良藥。但這僅僅是一方面，還有另外一方面。

5很多人犯錯誤是由於對另一方面瞭解不夠。對他們而言，對生活規則的進一步瞭解是擺脫束縛，獲得自由的途徑。他們認為掌握了真理就可以更加自由，但是絕大多數犯錯誤的人其實更明白這個道理，那麼他們又是為什麼會犯錯誤呢？原因是他們的性格軟弱。如果你沒能做到你想要做的事，那就說明你的性格軟弱。同樣，如果你表裡不一，那你的性格同樣有弱點。你沒能做到像自己想像中的那麼完美，那麼優秀，那麼理想，或者你認為自己可以完成一件事，但結果卻失敗了，原因就出在你的性格上。引導你思想的正是你的性格，而誤導你讓你犯錯誤的也正是由於你缺乏堅強的性格或者性格軟弱。如果你沒能完成你認為可以完成的事情，那就說明你被誤導了。

6如果你認為自己可以做到一件事，那你就有能力做到。因此，倘若你沒做到，那就說明你體內的部分能量沒有得到正確的引導。如果你受外界影響做了你本不願做的事情，則你的性格不是那麼堅強；如果你容易受到環境、局勢或條件的影響，那也說明了同樣的問題。堅強的性格是絕不會違背自己的意願的。他們不會受任何干擾，並且從不會情緒低落，暴跳如雷或者感到受挫。即使有人羞辱也不會對他們造成影響，因為他們不屑與如此思想狹隘之人計較，即使有讓人失去理智的事情發生在他們身上，他們也可以克服。

7比較激進、尖刻或者愛與人為敵的思想傾向都曝露了性格上的不足。性格越是完美的人，思想越是平和。從不批評別人，絕不談論別人的缺點，是一個好性情的表現。堅強的性格的人並不是沒有壞的一面，而是他們會盡可能地發展好的一面。他們懂得這樣一個道理：有了光明，黑暗自然就消失了。他們從不恐懼，從不擔憂，也絕不會垂頭喪氣。如果你整天憂心忡忡，你就應該培養一下你堅強的性格了。同樣，如果你容易向命運屈服，向困難低頭，向失敗投降或者在逆境中一蹶不振，那麼你需要努力鍛鍊自己，培養自己堅強的性格。

8可以這樣說，脾氣越大，性情越糟，這是不容爭辯的事實，無一例外。憤怒常常會誤導能量，而性情的作用則是恰當地引導全部能量。因此在好的性格培養起來之後，人就會脾氣全無。思想易變，喜新厭舊以及主觀地評判事物都是性格缺陷導致的。堅強的性格是逐漸發生變化的，而且井然有序，每一步都深思熟慮，腳踏實地。一個人越自立，越有性格，越能做真正的自我，他的性格也越堅強。

9學會做你自己，做真正的自己，做完美的自己，這樣你的性格就會培養起來。一個人越是在意自己的弱點和缺點，他的性格就越是軟弱。因為性格上的軟弱會誤導一切。性格堅定的人只會看到自己的優點，回顧自己做對的事情，這樣的傾向才是可取的，這樣的性格會幫助他正確地對待未來的一切。

10一般人認為，在生活面前，性格並非如此重要；因為很多的神學思想都宣揚決定人們來世幸福的是要真心懺悔而不是性格。如此，性格培養自然就受到了人們的冷落。但是我們應該意識到決定我們今世行為正與誤的恰恰是我們的性格，錯誤的產生正是由於性格缺陷造成的，因此性格的培養的確是值得引起我們重視的一個問題。

11性格的力量可以引導人世間的一切，也可以指導人們所做的一切。無論談論任何問題，性格都是一個必然要涉及的問題，它是一個必經之道。性格使人們的生活充滿生機，五彩斑斕，豐富多彩。性格決定著你的天賦和特長是否能夠充分發揮出來。一個性格得到良好培養的人不僅僅自己受益，還可以幫助他人。因為他們有能力正確利用他們的能量。一個性格堅定的人不僅可以充分發揮他個人能力的作用，還有能力在危急時刻保持清醒，不至於犯錯誤或者禁不住誘惑犯下罪行。不管遇到什麼樣的障礙，性格堅定的人都能夠正確發揮自己能力。或許我們會走一些彎路，但始終是堅定地朝著目標努力，並且可以取得最終的勝利。

12很多人都會在新年的開始定下計畫，想要達到更高的目標，取得更大的成績。開始他們堅持的很好，但是不久就會懈怠。因為他們無法抗拒周圍的誘惑，而為之迷惑了。他們沒有毅力，不能按原計劃持之以恆地堅持直到達到目標。的確，適時改變計畫是明智之舉。但是，僅僅因為環境改變就毫無理由地放棄一項計畫就是缺乏意志的表現了。隨著環境的改變而改變就是隨波逐流，隨波逐流的人只能過著「漂泊」的日子。他們或許還會在環境的影響下釀成大錯。他們的不能控制周圍的環境，對任何事物都沒有控制力，這樣就沒有能力做成任何事情。

13每個人都可以培養一種能力來調控周圍的環境或者改變環境為更好地實現我們的目標服務，這種能力就是意志力。不要讓環境改變你的計畫，而是要用意志力實施你的計畫，讓你的計畫改變周圍環境。運用很強的意志力去做你手頭上的工作，讓所有的事物為你的工作服務，你的力量就能匯小溪而成江河，成滔滔入海之勢。

14當體內各種力量都得到合理的分配和利用時，就可以促進你整個思想的發展，這就意味著你即將成為一個偉大的人。分配和引導這些力量的機制就是你的意志力。意志力也是使你的思想以一種積極的引導的方式來利用這些力量的機制。偉大思想的鑄就以意志力的具備為前提，假若意志力不完備，人體的能量就會分配不合理造成浪費。大部分人總是會忽視意志力發展的問題，這也就是為什麼偉大的人比我們期望的要少。

15也許有人會反駁道，具備偉大思想的人也不是全都具有很強的意志力，而且一些具有很強意志力的人並不具有很強的能力。但是我們必須意識到僅僅局限於道德準繩階段的意志力和真正懂得公正、道德和真理的意志力之間是有著巨大鴻溝的。我們還要銘記意志力並不單單意味著對有限的幾條規則的遵守，而是意味著合理地運用所有生命的規則。懂得遵守道德準則但是沒能遵從生命規則的人也不能說具備了完善的意志力。這種人的意志力和遵守道德準則卻總是違反精神準則的人不相上下。

16還有很重要的一點，違反精神準則和違反道德準則一樣有很大危害，儘管我們總是習慣於譴責後者而寬恕前者。從某種程度上講，一個人如果可以恰當地利用精神準則，即使他忽視了道德準則，依然可以促進其思想的發展。這也就是為什麼一些人道德水準很差卻依然可以在某個領域取得一定的成績。但是還有更重要的一點就是，假若這些人可以將其道德水準提高到一般水準，那麼他取得的成就將是現有水準的兩到三倍。一個人如果僅僅遵守了精神準則，但是違反了道德準則，那麼他們精神的一半能量都會白白流失，有時還會更多。因此，他們的成就會比在遵守道德水準的情況下減少一半。而另一個遵守道德準則但卻沒有遵從精神準則的人同樣如此，他們精神中足足一半的能量會被浪費掉。這樣我們就明白了為什麼那些所謂的擁有好的性格的人沒有其他人聰明，儘管他們道德水準很高，卻沒有很好地遵從精神準則。也就是說，他們沒有按照規律來運用自己的智慧。因此，也不會做得太出眾。

17 一個好的性格有助於將人體內所有的能量進行優化配置，尤其在人體各部分同時為成就偉大的思想而和諧地工作時，好的性格的優越性就展現出來了。如果性格不完善，各部分就會不諧調，思想活動中會產生衝突。一部分行動為了一個特定的目標，而另一部分行動則反向而行之，要達到另外一個目標。同樣欲望也是如此。缺乏意志力的人會喜新厭舊，今天想要這個明天想要那個。目標不停地更換，最終一事無成。而具有堅強意志力的人則不同，所有的行動都是為同一個目標而協調行動，所有行動整齊劃一。性格的一個主要目標就是促使人體的行動都積極地為目標而努力，使人體的每一種力量都可以貢獻一份力量。

★第十五章 塑造性格的祕密

1性格是慢慢形成的。人類各種力量得到鍛鍊，各種因素也在他們各自的範圍內發揮著積極的作用，人類在這個過程中充分地表達自己，以提高作為人的原始本能。正是在這個過程中，形成了人的性格。人體的每一個部分都有它要完成的使命，這也是他們存在的理由。如果這些部分中的因素可以施加影響使部分的作用有所提高，那麼這些行為都是有益的，是正確的；正是性格促成了這些有益的行為。因此性格對人們來說是必不可少的，不論人生活的目標是什麼。性格是一切行為的導向，是對人體的一切的合理利用。每種事物都是為特定的目的存在的，而人們對這些事物的利用也就提升了他們存在的價值。

2因此，要培養性格就有必要瞭解生活是什麼，知道什麼樣的行為可以提高生活的目標，還有什麼樣的行為可以施加相反的作用，降低生活的目標。當人們知道了什麼是正確的行為之後，他們就會調動身體的每個部分，按照正確的行為方向努力，由此培養良好的性格。但是不論人們做什麼，性格總是將其本身的作用發揮的淋漓盡致。透過這種積極作用的充分的、持續的發揮，事物才可以變得永恆，並且得到發展。性格得到培養以後，它會指導人們正確行事。也就是說，人們做出的行動是積極的行動，是建設性的，它可以提高人體相關部分的官能。這是很容易理解的，因為既然性格是一切正確行為的導向，那麼性格所能應用的範圍越廣，它的作用就越大。

3有了良好的性格，人也就有了使自己明白生命目的的能力，也就能在意識到什麼是對之後，按其指示去行動。培養好的性格，也就是要培養辨別是非的能力，並且堅定立場，一旦自己認定是對的，無論外界企圖對你產生什麼影響都不要動搖。培養良好性格的精髓是能夠辨認是非；能夠站到正確的立場；能夠明白人們都是本能地選擇行動的方向，並且瞭解人類自身的動力還有因素是怎麼發揮作用來完成生命使命的。

4對人生的清醒認識是至關重要的，在性格發展初期是非常必要的。有了一定基礎之後，人們就可以不用刻意去推理就能明辨是非了。性格的培養可以使人們撇開外在條件和智力方面的影響，就能夠憑直覺辨認什麼是對的，我們應該追求什麼樣的人生。凡是能促進人類發展的就是正確的。性格使人們從內心認識到正確的行為可以帶來進步，而錯誤的行為只能阻礙發展，甚至導致後退。

5性格的培養可以使人們形成發展的意識。性格越完善，人們越可以認識到事物都是逐漸發展，逐漸完善的，達到一定程度後才能產生質的飛躍。人類性格發展以後，社會中的一切事物才能夠在正確的導向下產生，正確的行為才能夠帶來發展，這是很好理解的。在人們明白了正確的行為帶來發展，錯誤的行為阻礙發展之後，是非分辨就是輕而易舉的了。持續發展是生命的本質，因此，正確的生活方式就是要讓和生活息息相關的各個方面都不斷進步，持續發展。正因為此，能夠促進發展的行為也都是能夠與生活相協調的，是正確的。另一方面，阻礙發展的行為是與生活不同步，是錯誤的，原因就是這麼簡單。一切能夠促進發展的事物都是正確的，一切阻礙發展的事物都是錯誤的。

6我們有基本完善的道德體系的底線。但是人生在世，孰能無過？對人生充分理解後，人們就能意識到什麼是促進發展的，什麼是阻礙發展的了。但是隨著性格的發展，人們可以根據自身的價值體系來做評判。他們關於對錯的評價已經很清醒，一旦意識到某種行為是錯誤的，就會及時糾正。由此可見，只有在性格得到培養以後，人們辨別是非的能力才能得到發展。不論一個人智商有多高，他也只能在性格形成後才能形成自己的價值體系，才能明白什麼是正確的。外界對正確的理解也許會對一個人產生誤導，但是人們自身關於正誤評判的價值體系是不會出錯的。這種價值體系只有在性格得到培養後才能形成。

7第二個必不可少的因素是要建立起對正確事物的渴求，一定要堅定這一立場，不要被任何事物所迷惑而誤入歧途。人們對正確的事物越是渴望，就越傾向於追求正確的事物；隨之，對錯誤事物的追求就消失殆盡了。等到社會中的每一個成員都開始嚮往正確的事物時，整個社會就會以一種積極的態度完善起來。這樣正確的行為也就被視為是自然而然的。另外，這種渴求也會帶來包含正確行為的精神導向，這在通常意義上，意味著建設性的行動。

8人類社會的所有內在動力，還有精神生活都是受自身精神導向影響的，人們也普遍認識到了這個問題。因此可以說，一個社會的精神導向如果正確，那麼社會中的一切事物都會引導人們做出正確的行為，一切都是在正確指引下發展的。人們關於何謂正確的深入思考也能使人們產生對正確事物的渴求。因為任何有深度的思考都會在人們的潛意識中留下印象。關於正確的強烈渴求激起了人們的思考，人們潛意識中的印象就會傳遞積極的信號。每一種進入潛意識的印象都會在潛意識中生根發芽，繼而開花結果，抹之不去。因此，如果人們經過深入思考後緊緊守護關於正確的觀念，這一觀念在思想上將是無可取代的。人們對於正確事物的渴求也就是這一觀念引起的。人們總是好奇這樣的觀念是如何表現出來的。其實你也可以不去渴望正確的事物，而去好好反思一下你到底想要追求什麼。任何追求都是不可遏制的。所有的追求歸根結柢都是對正確的追求。如果你在潛意識中是追求正確的，那你生命中的任何行為都將是正確的。

9綜上所述，在培養性格過程中所必需的兩大要素，一個是要明辨是非，一個是對正確的渴求。值得注意的是，這裡所謂的「正確」絕不僅限於道德規範中的正確。全面一些講，「正確」就是要與社會生活中的一切原則相諧調，與社會中現有範圍的一切規則相一致。要想做到明辨是非，只需要記住不要按照別人頭腦中所設定的規則行事，而是要在內心真正懂得生活的本質，明白怎樣的思考方式和行為能夠幫助實現這一本質。根據這一價值觀，要追求正確，人們必需真正明白正確行為的靈魂，並且精確把握正確行為的普遍規律。頭腦中其他次之於對正確的渴望的欲望全都可以歸結為一種，那就是對生活中一切的欲望，這種欲望也是與生活相諧調的。

10有這樣一個真理，當我們逐漸接近於一個高級的事物，我們就會對次之於它的事物嗤之以鼻；當我們越瘋狂地持有某種正確的欲望時，我們就越忽視那些不該有的欲望。因此，要想遏制這些本不該有的欲望，我們不應該僅僅執著於眼前的渴望，還應該同時培養更加遠大，更加高尚的目標。我們必須牢記，這是一對相互促進的關係，遠大目標的實現並不一定要以眼前利益的損失為條件。為遠大目標而努力的人並不會因此失去什麼，反而會在這一征途中收穫很多。

11明確了正確的涵義後，我們知道要想明辨是非，追求真理，我們就需在內心弄清楚正確的本質。我們不能依循他人的理解，沒有主見；而必須運用自身官能，身體力行，深切體會正確的精髓。這種可以明辨是非，並且可以帶來欲望的官能就是性格。因此，正是透過性格的培養，人們才能懂得如何生存，如何思考，如何行事，這樣才能使個人生活與社會協調發展。人們在擁有了關於何謂正確的意識之後，應該在頭腦中構建一個清晰的價值觀體系，依此產生各種欲望和追求。這些欲望和追求都應該盡量地忠於價值體系。這樣各種動力的作用能夠得到最大限度的發揮，逐漸完善正確行為。正確的行為是指經過深思熟慮的，並完全是為遠大目標做出。為遠大目標所做的一切都是正確的，如果不正確，遠大目標就不會因此產生了。

12在頭腦中清晰地勾畫出正確行為的畫面，並且運用堅強的意志力將所有注意力都集中在這一心理畫面上，這兩種作法都可以促使思想朝同一個正確的方向發展。這樣也就帶來了心理行為的盡善盡美，心理行為是正確的行為，因為一切朝著正確方向努力的行為都是正確的畫面。他們沒能把人類的各種創造能力進行優化組合，因此這些能力形成的性格就是片面的，有缺陷的。

13首先思考一下人體所具有的各種能力、力量和各組織部分都有什麼作用。認真地回答這個問題並據此在頭腦中建立關於正確的畫面。每當實施一個新的行為時，人們應該堅持到底，直到目標實現。如果在做每一件事，甚至是瑣碎小事時，人們都可以堅持這一原則，那麼最終收穫的就不僅僅是目標的實現，更重要的是堅定性格的培養。淺嘗輒止，半途而廢，還有三心二意是導致失敗的主要原因。而堅定性格的培養則可以徹底改掉這些壞毛病。

14時刻將目標銘記在心，可以使我們獲得持續努力的動力。對我們手中的工作有一個較高的期望值也讓我們對特定的目標有非常強的欲望。對特定目標的欲望就是要實現目標，要實現目標就是要得到我們想要的。

15性格塑造過程中一個關鍵因素是對「理想」的準確定義。理想總是高於現實；但不論理想有多麼遠大，總是可以實現的。理想不應該過於高遠而脫離現實；但又不能僅僅比現實高一點，理想應該是接近完美的。將盡善盡美作為衡量一切的唯一標準，永遠不要降低這一標準。不要滿足於一點點的進步。在做事過程中力求盡善盡美，任由這一欲望在體內膨脹，調動身體的每一個細胞為之努力。在心中明確了「完美」這一概念之後，再來確定自己的理想，這樣你的思想就能超越這個平凡的世界。這一點對於性格的塑造尤其重要。如果甘於思想上的庸俗，對於芝麻小事，表面之事斤斤計較就不能塑造出完美的性格。同樣，如果思想停留在普通層面，那些可貴的品質也是無法培養的。如果生命中沒能不斷地培養出更高的品質和更大的價值，那就枉為人生了。

16性格得到培養之後，在個性和心態上都可以看到個人品質和價值的展現。人類不僅僅是一種動物，而是一種在思想品質上有著閃光點的生靈。在性格塑造過程中，一定要多加注意人類種族生來俱有的劣根性。這些劣根性都是潛意識中的，人們可以透過引導這種意識發展成為相反的特徵。儘管這些是我們從祖先那裡遺傳得來的，它也是可以祛除的。只要我們想改變，我們就能改變。這種潛意識是可以由我們隨心所欲改變的，我們想讓它往哪個方向發展，我們就可以朝此方向做出引導，它就會如我們所願地發展。

17認真審視一下你的心理和性格的發展趨勢，弄清楚哪種趨勢是有悖於你的意志，你想遏制的，哪種趨勢是你所期望的，願意將其保留，任其發展的。如果這種趨勢如你所期望，那就時常對其加以引導，將其強化，使它更加具有勃勃生機，成為不可動搖之勢。如果你想遏制一種趨勢，很簡單，不去管它就是了。不要試圖抵制它，也不要企圖從頭腦中將它抹去。只要不管它，把它忘掉就對了。朝著相反的方向努力，讓它發展成為與其本質相反的趨勢。這樣好的性格培養起來以後，人類從祖先身上遺傳的劣根性自然就消失了。

18為了培養這些良好的品質，你應該在頭腦中盡可能地將其美化，構建出這些品質的崇高概念。然後將這些概念儲存在潛意識中，每天將其強化，尤其是臨睡前，因為這些概念在人們的睡夢中再次得到強化，此次強化效果是最為顯著的。經過幾個月潛意識中的強化後，這種頭腦中構建的崇高的概念就會深入骨髓，任何事物都無法迫使你去做你認為不對的行為。這種意識中的對於良好品質的欲望是不會消失的。我們不希望任何一種自然的欲望消失，但是這些欲望又是可以由我們自身控制，我們可以選擇保留或者放棄某種欲望。這樣也會導致嚴重後果，如果你的避免錯誤的欲望過於強烈，這種欲望將會操縱你去做你骨子裡並不想做的事情。

19眾多的人都會有品德問題，儘管這並非他們本意。但是如果他們按照這個簡單的方法試一試，他們的品質問題就能解決了。因為將高尚的，無可挑剔的品質概念植入潛意識之後，它就能發揮神奇的力量。這樣持續一段時間以後，這種力量變得更加強大，它能很快幫助你克服一切可能出現的罪惡誘惑。

20將絕對正義的概念植入潛意識之後，你的正義意識會逐漸加強，這樣你就具有了一雙慧眼，在每件事物中都可以明辨是非了。無論你想在性格中培養哪種品質，只要依照這個「潛意識規則」，你就能成功，並且能夠充分發揮它的價值和作用。也就是說，這些被儲存於潛意識的概念都可以透過個性展現出來。既然一粒種子被播下之後可以收穫上百個果實，無形的意識在深入內心之後也可以發揮它的作用，並且透過恰當的方式表達出來。潛意識的想法，不論其好壞，都會不斷地得到強化。因此，如果我們將那些高尚的值得進一步發揚的品質儲存到潛意識中，並透過運用潛意識規則將其強化，那麼這一品質就會在我們內心中成為永恆。我們內心中充滿的將是對美好事物的渴望。

21性格中佔據主要地位的兩個因素分別是公正（justice）和道德（virtue）。公正使生命中的每個要素各得其位。道德則使這些要素各盡其能、各司其職，而又不越其位才能夠保證公正的實現。倘若企圖佔有或使用不屬於自己的東西或權利，則為濫用。只有在公正意識健全並深入人心之後，社會才會秩序井然。作為個人，公正意識的建立—對事物的正確認識—則可以幫助他們清醒地認識自己。在正視自身以後，個人對於自身以外的事物也都可以以客觀的態度加以審視了。從中可以看出，個人只有在樹立了公正意識以後，對外在事物的看法才可能公正客觀。否則，即使他們認為自己是公正的，並且試圖公正地看待和處理事情，在他們從自身中體會到公正之前，他們的處事方式也不可能是絕對公正的。而從自身中體會公正則是要盡力保持自身的平衡穩定，包括心理的平衡，並且保證每一部分都得到了應得的待遇。由此可見，公正是我們努力追求的境界。

22所謂有道德，從完整意義上來講是指可以合理地利用一切事物，使一切事物各就其位，各盡其能。而怎樣才能算是合理利用呢？只有當事物的使用可以帶來發展與進步時，才能稱得上「合理」二字。因此，道德因素完全可以用來指導我們身體機制的一切力、功能與器官的活動。但是，在發揮道德作用的過程中絕不能有絲毫的勉強，因為道德就是要一切順其自然，各盡其能。道德是就事物的使用而言的－是事物的合理利用－絕不是強其所難。對於事物，我們若不能按照其規律運用，則後果將是事倍功半，費時費力。而對於創造力，在具體形式無法表達時，我們可以選用抽象形式。同樣，為了調整狀態，發揮潛能，我們要適當發揮精神的一切力量。（關於發揮這些力量的方法見下章詳述。）

23如果某一種欲望在目前看來不能給你帶來想要的結果，那麼這一欲望就是不切實際的，你可以考慮先得到其他較為現實的、有價值的東西。這樣做並不意味著你放棄了原本的欲望，也不意味著你為此犧牲了享受的機會，因為這一欲望的動力同樣會給你帶來精神上的享受。「最大的快樂莫過於不放棄追求，擁有持續的欲望。」

24只有各部分都達到其本質所要求的標準才是真正的完美。懂得這個道理後，才會產生對道德的追求，不管是具體形式還是抽象形式上的。在運用道德的過程中，當具體形式無法表達時，就要選用抽象形式來表達自然意圖；但是當具體形式可以滿足其要求時，抽象形式也可具體化了，因為只有當具體和抽象完美結合時才會產生最好的結果。

25在塑造性格的過程中，應該堅持兩個原則，一個是信念堅定，二是心靈美。如果性格堅定但卻缺乏心靈美，儘管它依然可以發揮其作用，卻無法做出超越之舉；相反，如果僅僅做到了心靈美，而缺乏堅定信念，那麼內心中的高尚情操也無法得到發揚。只有兩者的完美結合才可以塑造出具有良好性格的人。

★第十六章 你能創造一切

1將人體比作一個活的「發電機」再合適不過了。因為人腦中能夠源源不斷地產生出驚人的能量，尤其是創造力。如果我們能夠將健康人群所產生的能量進行量化，所得結果會是驚人地龐大。然而更加令人吃驚的是應該自然所賦予一個人的能量，而一個人所消耗的能量與所得到的相比僅是九牛一毛而已。接下來，我們就來瞭解這一現象的原因，以及對這一巨大能量沒能得到充分利用的解釋。

2廣泛意義上講，創造力是指人體內無處不在的產生、形成和再造的能力。它可以分成很多各具功能的部分，諸如有的部分可以產生思想，有的再造腦細胞，還有的產生神經組織，肌肉組織；此外，還有的可以產生組織液，有的產生想法，創造天賦和能力，有的創造種屬基因，還有許多其他的創造人體中諸多的生物結構。因此，人體內同時進行著各種各樣的創造活動，每種活動都有其對應的提供支援的創造力。

3最有意思的是，大自然透過其特有的方式向人體提供著超出所需的能量。這樣便導致了人體中充滿了過剩的能量。每種創造活動都只會消耗一定的能量，絕大部分剩餘能量最終都會被白白浪費掉。這樣，我們所討論的問題的至關重要性就凸顯出來了。

4所有的創造能力都是緊密聯繫的，彼此可以相互轉化。一種創造活動中冗餘的能量在他處依然可以發揮作用。從而就使得原本要浪費的能量轉化為所需的思想和想法，或者被用於創造各種人體所需組織液，或者支持肌肉活動，和任何一種關鍵器官的功能。這樣任何兩種創造活動之間都能相互結合，隨時可以於體內各部分創造更多的能量。

5人體內產生的能量大部分是多餘的，它們沒有機會在正常的活動中發揮作用，不論是心理還是生理方面。人體中有多樣的個性可以產生巨大的能量，但卻足足有四分之三會被浪費。因此我們要考慮的問題是，這些剩餘的能量怎樣可以利用起來，如果我們將此用到一些特殊的功能中，又有多少可以被消耗掉？

6如果一個人僅僅依靠他所擁有的能量中的很小一部分即可有所作為，甚至成就頗豐，那麼顯而易見，如果他能夠找到更多的途徑，在這些方面充分利用他所有的能量，他就可以做出更大的成績。事實上，如果他可以找到這些途徑，他的工作強度，以及能力都會增加好幾倍，他的成就也會相應增加。

7如果一定的能量可以帶來一定的工作能力，那麼如若將運用的能量加倍，它所帶來的能力也會成倍地增加，這一假設已經被證實了許多次。很多人嘗試過要將其自身的創造力進行轉化，並將這一能量專門用於某一特殊能力的發展。結果顯示，他們在這方面的能力確實提高到了令人矚目的水準，但這種提高都是暫時的，不會持久。說明這種方法不是完全可靠的。儘管如此，這種專攻的手段的確可以鍛鍊腦力，使頭腦更加靈活。在此值得我們注意的是天才的形成與此有著絲絲聯繫。諸多現象表明，如果一個人體內的能量能夠自然地傾注於某一方面，那麼此人在這方面必然有著超人的天賦，顯然天才就是這樣形成的。

8為了進一步說明這個問題，我們可以選擇人體能量相當的兩個人做以下實驗。讓其中一個人像普通人一樣，將其能量用於不同的能力發揮上。每種能力上分配特定的能量，剩餘的能量任其白白浪費掉。結果我們發現此人沒有任何非凡成就。對於另外一個人，我們指定一個方面，讓其將能量都專注於此，並將此銘記於心。最終我們發現第二個人在此方面的能力迅速提高，一個天才誕生了。儘管我們研究過的天才都是如此產生的，無一例外。但是不是每個天才都是如此產生的，我們還無法證實。可以肯定的是，如果一個人將其富餘的能量都專注於一個方面，那他在此方面都會更加出色。

9因此有必要對這種方法怎樣在任何環境中都可以成功實施加以研究。首先，我們必須瞭解不同的創造力是怎樣發揮作用的。事實上，每種不同的創造力都會自然而然地或者因人的習慣而用於人的思想或者身體的某個部分。也就是說，在人體記憶體在這幾股能量流，他們會流向人體不同的部分，發揮其獨特作用，這樣就會消耗一部分能量，剩餘部分付之東流。瞭解了這個過程之後，我們面對的就是如何能夠施加人為影響，對能量流進行優化配置，使其發揮應有作用。這樣不僅可以減少損失，還可以相應地提高自身能力，一舉兩得。

10簡言之，我們迫切瞭解的是如何充分利用剩餘的能量，也就是，在提供所有正常功能所需能量之後的剩餘部分，我們應該如何將其應用以有效提高我們的工作能力。

11要瞭解這一問題，我們必須首先學習「轉換」的技巧。我們在此所稱的「轉換」並不是那些只有少數人可以理解並且應用的神奇的技能，而是大自然中基礎的，也是自然進程中永恆的東西。大自然在持續不斷地將其能量進行轉化，也正因為此，自然界各領域中才產生了許多奇妙的現象。甚至人類社會中，一些下意識的行為都是這一轉化的結果。

12如果一個人做出了超乎一般人的成績，那肯定是轉化規則造就了這種成就。或許人們是在無意識中運用了這一規則。儘管他過去無意識中所做的事情完全可以有意識地去完成。如果一個人長久地按照某種模式進行思考，他就會完全地沉浸於其中，投入全部精力。我們發現，在這種狀態下的思考無一例外地都會消耗人體更多的能量。要是能量消耗巨大，就會使人們暫時擱置各種欲望，而且人體生理器官的活力也會下降至低於正常水準。

13處於這種精神狀態的人經常會失去對食物的欲望。許多發明者完全地投入到其實驗中，以至於連續幾天都想不起來吃飯。這種廢寢忘食的例子屢見不鮮，在其他領域也比比皆是，尤其是作家、作曲家還有畫家，他們可以將全部精力都投入到手頭從事的事情上。這種轉化是從何而來的呢？當人們的思想為滿足自己的需求，從人體中提取大量能量時，其他正常的人體需求就會相應降低以致此方面的欲望會暫時消失。

14還有一種廣為人們熟知的現象，那就是當人們的思想完全沉浸於某種完全不同於自然欲望的欲望中時，人們的自然欲望就會暫時性的完全消失。從這裡我們就找到了一種改變原有習慣的方法。如果你將你的注意力轉移到另一種欲望上，這種欲望完全與你習慣中想要做某種事情的欲望相反，並且你將所有的精力都投入其中，那麼很快維持你習慣的欲望的能量來源就被斷絕了，你的習慣也就因缺乏能量而消失。

15同樣道理，對於有過於物質傾向的人來說，他們也可以透過將其注意力完全而長久地投入到相反的理想的一面來克服這種習慣。這樣，人體內的維持物質傾向的能量就被轉化成為更具有積極作用的能量，從而有助於建立更加理想的體格、思想和個性。

16不論是在自然界還是人類經驗中，關於能量轉化的例子都俯首即是。我們沒有必要為了這個問題再去研究人類正常活動之外的範圍。我們要研究的是在人體內每時每刻都在發生的轉化。我們想去研究怎樣可以對這種轉化進行干涉，以便更好地加以利用。

17我們學習利用轉化規則的首要目的是將剩餘能量全部用於更好地工作，或者發展一種技能和本領。僅這一項應用即可使人們的工作能力提高一倍，可以發展人們的能力和本領，還可以為剩餘能量提供用武之地。設想一下，假若你有一種欲望，想要實施某種計畫，但是你知道現在時機未到。為了不讓欲望中充滿激情的能量流失，你就會為這些能量提供另一種用途。

18第二個目的是將剩餘能量用於腦力方面。這樣，我們就能夠得到更多可用的能量，或者為體力活動提供更多能量，由此腦力活動可以更矯健，頭腦更靈活。

19第三個目的是體內某一部分的能量有所剩餘時將它們轉化為能力和本領。在這裡有必要提到，一個思想純潔的人，即使其他方面並不出眾，也勢必比思想不純潔的人更加靈活，更有能力，更有耐性。因為思想不純潔的人將他的能量都用於了低級趣味和不良習慣上了，而思想純潔的人將他的能量都用到了發展能力和天分之上了，自然結果也就相差甚遠。

20上述三個目的若能實現，我們也就避免了精力和個人能量的浪費。我們完全可以控制自己的欲望；我們可以去除精神中的糟粕，也可以透過有效的方式運用我們的能量，即使不能將我們的生活和力量轉化為顯著能力和罕見的天分，至少可以將它們轉化為更強大的精神動力和卓越成績。我們現在來做個實驗，將你的全部精力集中到思想上，並保持幾分鐘，在心中默念這樣的欲望，將你所有剩餘的能量都用到思想上來。然後讓自己按照這種思考最活躍的狀態進行思考。這樣堅持幾分鐘，你會發覺自己頭腦中充滿了新奇的想法。在接下來的幾個小時裡，你的腦中總會出現比以前更有創意更有價值的想法。間隔一段時間重複一次。接下來的一些日子你需要一遍遍地重複，這種意識就會逐漸得到強化，直到你最終獲得了足夠有創意的想法，這些想法可以讓你在工作中有所成績。

21當你感覺到你體內充滿了巨大的能量並試圖引導它們作用於你的思想時，你也可以得到同上面實驗一樣的結果。新奇的想法會迅速地湧入你的腦海，你可以從中篩選出一些最好的為你所用。

22要學習轉化的技巧，最重要的一點是要有這樣的想法，即所有的剩餘能量都正在向你已經設定的方式轉化。比如，假設你是一個商人，那麼你想要的就是將你所有剩餘能量都積聚到你的商業能力中。為了促使這一目標實現，你要不斷地想像著你的能量正在向這一能力上轉化。這種思考方式很快就會將你做你想做的事情的習慣傳遞到你的能量中了。

23這裡有一個很有名的定律，那就是如果我們堅持不斷地按著某個思路考慮一件事情，大自然就會獲悉我們這一願望並幫我們實現它。還有一個同樣重要的定律是說，如果我們關注自己的某一種天分或者身體的某一部分，無形當中也就為能量創造了一種這種天分或部分的傾向。這樣我們就理解了要關注我們內心到底想要什麼這一想法的價值。我們透過自己的想法和欲望將某種思想牢固地儲存於我們的頭腦中，這種思想最終會演變成一種下意識的習慣。如果一種思考一旦變成了一種下意識的習慣，它就會自動發出行動，也就是它可以不經人的大腦的控制，自己做出行動。

24在轉化之前，你有必要積極主動地做出決定，你到底想要你體內剩餘的能量做什麼。你必須清楚你想要什麼。然後抱著你對想要事物的欲望去追求。但是很多人就此失敗了。因為他們不清楚他們想要做的是什麼，或者想要將什麼做得更好。因此他們的能量的去向就很不確定，一會兒被用來做這件事情，一會兒又被用來做另外一件事情，三心二意，最終什麼也沒做成。如果你是一個發明者，那就堅定信念，將你所有的剩餘能量都用於你的發明能力的發展上。如果你是一個作家，那就將你所有的剩餘能量都用到你的文學天賦的發揮上。不論你在從事什麼或者想要從事什麼，都要將你的能量用到所從事的事業中，很快你就會發覺你在這方面的能力和才能有所增加。如果你決心獻身於此，你的能力也會持續發展，直到你老去的一天。

25第二個要點是，要迫切地希望你全部的剩餘能量都可以用於你選擇的事業發展上。你的欲望在哪，動力就會朝向哪裡。這就是迫切的欲望如此重要的另一個原因。但是，這裡的欲望必須堅定而又理性，不要脆弱或過於強烈。

26第三個要點是將你的精力放在一個方面，這個方面我們可以用「心理」稱之。在心理活動過程中，集中精力在你希望你的剩餘能量增加的部分上。這一點或者這一過程就是轉化的真正技巧，而這一點也是最易操作的。要掌握這一技巧，就必須做大量的練習。但是不論你將精力傾注於心理方面，還是根據自己的意志將注意力放在你身體的某一部分，並且你希望你體內的能量能在心理方面或身體這部分增加，你的這一願望都可以在短期內實現。

27透過以上過程，你可以將你的欲望消滅在轉瞬之間，也可以將這一欲望的能量都轉化為另一動力。同樣，透過以上過程，你還可以激發你潛在的能量，並將這些能量調遣到需要活動的地方。事實上，掌握了轉化的技巧，你就完全控制了體內所有的能力，不管是顯露在外的還是潛在於內的，你都可以隨心所欲地使用。當你學會了如何運用這一技巧之後，你在工作中就會更加游刃有餘，這是顯而易見的，但也並不盡然。的確，非凡的能力，卓越的成績，還有天賦都是可以透過依照此技巧加以持之以恆地鍛鍊得到的，但是，如果對此過程的潛在規則橫加干涉的話，那麼你在思考能力、生活或者言行舉止方面都將一事無成。

28對你的有意識的行動進行深入思考，即可觸及你的內心活動，這也就是你的心理活動範圍。試著多去關注一下你的內心世界，試著感受一下你的思想和意識的湧動，並且試著依從這些存在於有意識活動之基的內心深處的個性和思想狀態做出行動。

29舉個例子或許能夠幫助我們更好地理解。當你聽到一首觸及你心弦的曲子，你就能感覺到曲子的每一個音符都能撥動你的每一根神經，這時你全神貫注於你的內心世界與曲子的共鳴。你的思想世界萬分活躍，進入了一種「我思故我在」的境界。當你的內心深入被某一種情感觸動，你也會進入上述境地無法自拔。深入的思考，細膩的感覺，還有強烈的欲望都會或多或少地將你帶入某種精神境界。每當你的思想全部被這種心理活動佔據時，你都應該集中精力於所感所想，或者你希望有更多的能量注入身體部分。

30可以說，滿懷興趣，集中精力並且盡可能地將自己融入其中，那麼你體內所有的剩餘能量都會一齊湧向你注意力所集中的點上。這種湧動產生的力量將是不言而喻的。將你所有的注意力集中到心理上，然後全神貫注於你的一隻手上，心中默默念著，希望手部的血液循環加快。不一會兒，你手背上的青筋就會暴起，手部感覺充滿力量，即使開始時手部或許是涼的，現在也會暖和起來。另外一個例子，更能說明問題，而且更有意思，那就是以同樣的方式將注意力集中到消化器官上，看消化過程會不會由此變慢。很快你就能感覺到有很多的能量集中到了腹部。原來因消化不良帶來的不舒適感全部消失了。實際上，利用這種方法，每次飯前飯後各做一次，每次只需幾分鐘，長期以來的消化不良等症狀都會消失。

31上述例證表明，只要你給予一個器官更多的能量，這個器官就會有效地發揮作用，只要它能更好地發揮作用，那麼原來的一些小病都會無藥而癒。其他此類的例子還有很多，都很有意思。另外，此類活動可以幫助我們運用轉化規則。

32透過轉化還可以發揮以下作用：工作能力會持續增加；體內所有的能量都可以得到更有效地利用；頭腦更加靈活，因為更多地能量湧入大腦地緣故。你可以選擇任何一個器官，提供它足夠的能量，它的能力的增加很快就可以顯現，隨著時間的推移，天才也就就此誕生了。

33思想的純淨也是極其重要的。那些由於思想的不純潔，欲望的罪惡，或者行為的不單純而造成浪費的能量也都是可以被轉化的，都可以用來塑造更具有活力的性格和更靈活的大腦。我們可以對個性中的種種動力實施更好地控制，以得到一種神奇的個人魅力。我們都期望擁有或者提升自己的個人魅力，原因也是不言自明的。個人魅力是由於個性中創造力的積聚並且在個性中和諧的運作而形成的。個人魅力的作用是不容忽視的。擁有個人魅力的人必然更加具有吸引力，不論其身材或長相如何，而且不管踏入哪一行，他們都會做的很成功。

34能夠證明個人魅力的例子有成千上萬，我們對此耳熟能詳，在此不再舉例論述。我們需要瞭解的是個人魅力到底是什麼，它是如何產生的，為什麼有些人具有個人魅力就比沒有的人佔有許多優勢。為了說明這些問題，我們可以以兩位女士為例。這兩位女士無論在各方面都有驚人地相似，她們性格相似，智力程度相似，在其他方面也相似，唯有一點不同，那就是一位具有個人魅力，而另外一位沒有。當然這是我們提前預設的，無需多言。那位不具有個人魅力的女士在各方面都與那位具有個人魅力的女士沒有可比性。具有個人魅力的這位女士更加迷人，更加聰慧，好像所有的美好品質都具備了。由此可見，個人魅力可以使你具有的品質更加完美，使你的行為更加美好。

35我們也可以將兩位商業人士進行比較。他們具有同樣的能力和魄力，區別依然是一位具有個人魅力而另一位沒有。最終我們可以得出如上結論。具有個人魅力的人遠比沒有的那位要成功的多。儘管他在其他方面的能力和素質與另一位相當。就一個平常人而言，他如果具有個人魅力他就能取得非凡的成績。正如一個相貌平凡的女人，如果她具有了個人魅力，她就是最美麗的。

36一個相貌最一般的人，如果被賦予了個人魅力這種神奇的力量，他就會變得很好看；一個性格毫無魅力可言的人，如果被賦予了這種力量，他同樣可以變得很有吸引力。我們都對此深信不疑。因此，我們都迫切地想知道如何才能具有這種個人魅力。首先，個人魅力不像許多人認為的那樣可以透過控制他人或者影響他人的思想就能得到的。相反，如果你試圖影響他人的想法，那你只能失去這種魅力，不管你現在的個人魅力有多大，你都會完全失去它。

37個人魅力的祕密在於它會將你內心的美好感情發揮到極致，而且會使這些美好感情的作用得到最大程度的發揮。或者說，它讓內心中的每一種美好感情都更好地發揮其作用。個人魅力對個人而言，不僅會影響到其性格和智慧，還會影響到其在工作中的表現。

38 一位音樂家如果具有了這種魅力，那他的歌聲會比不具有這種魅力更吸引人。他的魅力不僅展現在歌聲中，更展現在他的言語聲中。沒有人能夠準確地描述這種力量，但人們可以感覺到它的存在，這種力量達到一定高度就可以透過聲音展現出來了。

39 在文學領域我們也可以看到這種因個人魅力帶來的成就。一位作家即使不具有這種力量，也可能寫作很好，但是他的作品中總是缺少一些東西。但是，如果他具有了個人魅力，不僅他的作品增色不少，他的思想也會更加睿智。他的作品中總會流露出一種力量，而這種力量是在文字間看不到的。

40 在舞台上，這種力量更是演員不可缺少的素質之一。我們經常會發現一個好演員和一個糟糕的演員之間的唯一差別就在於是否擁有個人魅力。一個演員，不論其演技如何精湛，只要他缺乏這種魅力，他在演藝界就不可能成功。在社交領域亦是如此，具有個人魅力的人無疑是最受歡迎的，儘管他可能在其他方面有許多欠缺。商業領域皆是如此，其他條件相當的情況下，不擁有個人魅力的人都會處於很大劣勢，而擁有這種魅力的人則游刃有餘，在工作中嶄露頭角。

41 對個人魅力進行深入分析，我們發現它會影響到人們身體所發出的每一個動作，思想的每一次反應，還有思想和性格中每一種感情或者感覺；也就是說，它會對人們的每一個動作和行為產生影響，這樣會使個人更具有吸引力。我們也可以說，個人魅力使人們原有的品質更好的表現出來。因此，這種力量僅管不會直接地對其他人產生影響，卻可以直接地影響具有這種力量的人們，使他們在外表和行為上都更加地吸引人，更加地有魅力。

42擁有了個人魅力以後，你個人品質中好的部分會更加完美，而你為之努力的事情也會相應地得到更好的結局。更大的魅力，更強的吸引力，以及更高的效率，這些都源於對這一力量的不同程度的擁有。美好的品質被個人魅力影響後會更加美好，聰明的頭腦受個人魅力這一神奇力量作用後也會更加聰慧。

43許多人天生具有這種個人魅力並且在不知不覺中運用著它，當然，更多的人是透過各種形式的訓練有意識地習得了這一力量。這些致力於協調身體各種運動的活動都可以在某種程度上增強這種力量；這些活動與創造力的轉化結合後其結果更是驚人。因為所謂的個人魅力就是人體內巨大的創造力轉化為和諧的生理或心理活動而產生的。

44個人魅力的發展要透過對人體內有節奏運動的適度訓練，以及對人體內所有能量在心理和生理方面都能夠按照人的建設性行為進行訓練。其中至關重要的一點是培養泰然自若的心態，這是一種平和而又具有魄力的氣質。盡力使全身心保持平靜，同時試著將體內每一絲能量都正確運用到位。盡可能地將體內產生的能量都維持住，這種欲望也就可以給你帶來所謂的能量的積聚。

45再來做個實驗。試著將你所有的能量都集中到你的性情上，保持幾分鐘，與此同時，盡力在性情中把這些能量協調起來。過些時候，你就能感覺到自己體內充滿能量。如果到此為止，你的進展一切順利，那麼你在此刻就會覺得自己像是充滿能量的電池，自己體內能量充足地無所不能。照此程式間歇性地進行實驗，直到形成習慣，可以無意識地操作。由此，你體內的能量會越積越多，你的個性就達到了一種可以稱為能夠引起強烈感情的狀態。毫無疑問，這種狀態就意味著你擁有了個人魅力。

46可是，為了保持個人魅力，你要保證你的思想不受不良事物的干擾，要避免所有壞習慣，不管是生理還是心理方面，還要與一切事物一切人和諧相處，要鍛鍊自己不論在什麼情況下都有很強的自制力。從個人魅力形成的過程中，我們認識到它是一個剩餘能量在體內積聚並且有秩序地在體內每一部分循環的結果。

我們應該記住，個人魅力是一種不會直接作用於人或環境的力量，它並不是要控制或影響任何其他人，只是在個人體內發揮作用，並且使個人所具有的其他美好品質更好地影響個人。

★第十七章 積極語言的威力

1說話是一門科學，任何人如果想得到幸福或促進自身發展，就必須深入瞭解這門科學，並以其來指導自己的言語行為。我們所說的每一句話都會對我們的生活產生影響，根據話語性質的不同，可能是正面影響，也可能是負面影響，能為我們帶來麻煩、貧困和疾病，也能為我們帶來和諧、健康與興旺。簡而言之，話語幾乎能夠改變一切狀態，不管這個改變是讓你喜歡還是不喜歡。

2我們所說的每一句話都是一個自我表達的過程，而每一次的表達都會促使我們身體機制的某個環節產生某種傾向。這種傾向可能是思想上的，也可能是身體上的，可能發生在身體的化學世界裡，也可能發生在欲望的世界，也可能是性格上的，可能在身體器官的哪個地方，也可能是個性的某一方面。而不管這種傾向發生在哪裡，總有一天它會爆發。我們的自我表達其實在很大程度上決定著我們要去向哪裡，能做出什麼樣的成績，又如何處理生活中的各種狀況。

3如果我們在言語中表達出疾病或失敗的傾向，我們就會不自覺地向著疾病與失敗的狀態靠近。如果這種傾向非常強烈，我們身體機制的各種動力就會一齊朝著這一方向前進，向著生病與失敗的目的努力，或者以此類狀態為原型，力圖使身體機制達到相同的狀態。

4另一方面，如果我們在言語中表達出健康、幸福、力量、成功等傾向時，我們就會向著這些方向努力，並透過相同的方式使我們的身體機制達到類似狀態。每一句話都有其內在的生命力，有人將其稱為話語的潛力。正是這一力量的性質決定了話語於人是否有益。這種力量可能具有建設性作用，也可能具有破壞性作用，可能是積極向上的，也可能是消極墮落的，可能有助於我們實現自己的人生目標，也可能會產生阻礙作用。如果我們能明顯地感覺到這一力量的存在就說明話語正在發揮其最大的作用。因此，能在我們內心引起強烈反響的話語往往可以改變我們的人生。當你覺得要有什麼麻煩，並在言語中表達出心中的擔憂時，整個身體機制就會發生轉向，引導我們一步一步接近麻煩，而且會造成身體機制自身的紊亂。眾所周知，在我們遇到麻煩時，越覺得麻煩，問題就變得越麻煩，而且，我們也知道，一個人如果面對困難可以從容不迫，保持自制力，就可以從容地克服困難而不至於給自己帶來太大的負面影響。不僅如此，這樣的經歷反而還會使人在過後變得更加睿智與堅強。

5如果我們覺得更加美好的生活就在眼前，言語中處處透露出心中的喜悅，身體就會積聚起全部的力量，向著更加美好的生活而努力，所有的力量都凝聚起來，共同創造更加美好的明天。當我們在談論成功、進步等令人心馳神往的理想境地時一定要帶有感情，因為正是這種內在的感情決定了我們全部創造力的趨向之所在。因此，如果在我們的話語中可以感覺到成功，就可以激發我們體內的創造力為成功創造條件；而如果我們的話語中處處表達出懷疑、失敗或失落感，我們體內的創造力就會產生自卑、混亂、不和諧的情緒，開始發展錯誤趨向。這就是為什麼往往我們越恐懼的事情就越會發生在我們身上。恐懼是一種情感，它能預感到一些不好或者我們不希望發生的事情。我們一旦將自己心中的恐懼說出口，身體創造力的趨向就發生了轉變，因而導致了我們所恐懼事情的發生。

6決定話語的內在生命力是建設性還是破壞性的因素有很多，其中最重要的是語調、話語動機與話語內容。我們說話的語調必須和諧、悅耳、富有生氣，聽起來要嚴肅、懇切。牢騷、抱怨、譏諷、自負的話語屬於破壞性話語，其所可能帶來的破壞性後果能讓所有的人追悔莫及。抱怨不會給我們帶來任何好處，批評指責也於事無補。如果別人有什麼不對的地方，就堅定有力地指出來，但語氣一定要溫和。前來投訴的顧客誰語氣溫和而堅定，誰就最先受到重視，得到最好的服務，事情最終也肯定能如願得到解決。傷害別人的話語其實帶給自己的傷害更大，這樣的話語我們說不起，因為在傷害別人的同時更傷害了自己。具有建設性作用的話語我們可以深切地感覺到，這樣的話語無需大聲，也不會使人困惑，聽起來總是那麼安靜祥和，卻具有強大的說服力。不希望發生的事情千萬不要在言語中提及。事情越談論，發生的可能性就越大。要知道，「隔牆有耳」，而世界上到處都是別有用心的耳朵，將你的話聽在耳裡記在心裡可能會對你不利。不要談論事情的消極面，因為這樣有百害而無一益。跟別人說一說自己的煩惱，可能會使煩惱得到暫時的緩解，但是，事情會一傳十，十傳百，這樣傳來傳去只能讓事情更難辦，給自己帶來更多的麻煩。如果有什麼煩惱也要自己放在心裡，多談和諧、自由、成功及自己的所得之類的，邊談邊體會其中的精神，這樣才能為自己創造新機會、新環境，為自己開創新生活、新天地。如果我們要說的話不能帶給自己以鼓舞與激勵，也不能提供資訊或有益的娛樂，那就不要說。僅為了說話而說話純粹是在浪費自己寶貴的能量，喋喋不休的人永遠都不可能成為一個偉大的人。

7話語背後的動機必須是建設性的，每一句話傳遞的都應是一種積極向上的精神。這樣的話語才可以稱得上是建設性的話語，才是構成有價值人生的重要組成部分。每一句話都應盡可能與事實相符，僅憑表面現象得出的觀點絕不能輕易說出口。但話語必須與事實相符究竟是什麼意思呢？大多數人都不是很瞭解。這是一個很大的話題，哪怕只是簡單地下一個科學的定義也需要大量的篇幅。但我們舉幾個日常的例子來看一下大致就可以明白了。當人們覺得必須得說點什麼而偏偏卻找不到話說的時候，為了緩解尷尬的局面經常就會拿天氣當作話題，說些像「天氣可真熱」，「這個鬼天氣」，「什麼破天氣」，「怎麼這麼冷」等等之類的話。但是這樣的話語並不會使天氣發生任何改變，也就沒有任何價值，說了又有什麼用！我們盡可以這樣那樣地抱怨天氣，但對天氣能產生什麼影響呢？什麼影響也沒有。但對人的影響呢？也沒有嗎？怕是有的，而且一定有。我們一旦宣布什麼東西太可怕了，恐懼的情緒立即就會傳遍整個神經系統，後果看似並不明顯，但繩鋸木斷，水滴石穿，一點一滴累積起來，後果就會變得不堪涉想。

8人們在談到自己時總免不了抱怨上幾句，比如，「我再也受不了了」，「累死我了」，「我想都不敢想」，「噁心死我了」，「天氣一變我就覺得不舒服」，

「我太敏感了，很容易煩躁不安」，「我覺得身體不舒服，有點神經衰弱」，「我記性越來越不好了」，「一天比一天老了」，「工作起來不如以前帶勁了」，「體力越來越不行了」，「我已經沒有機會了」，「生活中事事都不順心」，「今天晚上真是糟透了」，「今天真糟糕」，「我最近真是厄運纏身麻煩不斷」，「我也是人，我也有自己的弱點」，「不管我再怎麼努力，總有地方要出差錯」，「我吃什麼東西都得小心點，稍有不慎就吃壞了肚子」。

9我們生活中像這樣的話語還有很多，都屬於破壞性話語的範疇，但凡瞭解心理作用的人都會馬上意識到這樣的話語只會給人帶來傷害，因此是應該絕對禁止的。事實上，這樣的話語不僅有害無益，而且無論從哪方面來看都是不符合實情的。

10實際上，如果我們可以忘記自身的弱點，把自己在精神上武裝起來，就幾乎可以承受一切。我們其實可以不會覺得疲憊。科學證明，人只要能夠保證每天八個小時的睡眠，就不會因工作而覺得累。認為工作讓人疲憊其實是不正確的。這也不喜歡那也不喜歡的人是縱容自己，是存心要貶低自己。我們要是不喜歡什麼東西，甚至到了想想都覺得噁心的程度，就受控於這種思想了。僅僅因為什麼東西不討人喜歡就在思想上形成牴觸心理，後果是很嚴重的，因為日復一日，我們自己也會變得不討人喜歡。消極的態度絕不會讓事情變得盡如人意，以錯制錯從來都是行不通的，我們應該學會忘記、原諒別人的錯誤，並以實際行動積極地加以補救。如果我們能以一顆寬容的心對待天氣，與大自然保持和諧，客觀公正地看待天氣，隨天氣變化適時增減衣服，就不會再受天氣影響了；但如果我們總是抱怨天氣變化給自己帶來這樣那樣的不便，不僅人會變得消極，易受天氣影響，還會使我們的身體機制受到損害。

11認為自己易受外界干擾的人就不能抗干擾。如果我們能與萬物、與自我保持諧調，就沒有什麼能對我們構成干擾。把自己的緊張說出來只會讓自己更緊張，因為這樣說的時候話裡就透著緊張與不和諧。我們在覺得緊張的時候，一定要保持鎮定，多說一些自我鼓勵的話語，這樣才能緩解緊張。話語的性質決定我們前進的方向，同樣都是話語，有些可以讓我們變得冷靜、沉著，而有些則只會增加混亂與不和諧，二者之間做一個選擇，我們還有什麼好猶豫的呢？

12不要總是對自己說「老了」，有生有死本是一個再自然不過的過程。但僅憑印象而得出的結論自然是錯誤的結論。說自己氣力一天不如一天也是不符合實際的，不要讓自己的任何思想或言行破壞這種天人合一的精神。我們不可能會氣力衰退，只要堅持真理，我們的力量就會永不停止地增加。

13認為自己已經沒有機會的人是陷入了自卑的深淵不能自拔。只要把自己從自卑中解放出來，讓自己活得有意義，有價值，相信自己的能力，就會發現有無數的機會擺在自己面前。世界永遠都需要有能力的人才，而現代科學知識的發展進步為每個人提供了提升自己能力的機會。因此，誰都沒有理由去抱怨運氣不好或日子艱難，除非他是想一輩子都過這樣的日子。我們越是抱怨日子難過，日子就會越難過，相反，如果我們能夠選擇忘記曾經的困難與挫折，開始全新的生活，相信很快就可以時來運轉。

14認為人生就像一條上坡路，處處艱難曲折的觀點也是錯誤的，要是我們的言語中存在這樣的觀點無疑是存心給自己找麻煩，只要處理得當世上根本就沒有什麼困難的事。要記住，只有得體恰當的話語才有助於我們處理好各種關係，走好自己的人生路。

15如果哪天晚上過得不愉快，那麼提也不要提，因為說出來只會給自己增添更多的不愉快。夜晚本身並沒有什麼不對的地方，要是有什麼不愉快，那也只能是自己忽然興趣反常或某個愚蠢不可原諒的行為所致。在這種情況下要原諒自己，並告訴自己永不再違背自然的旨意。像這樣堅定地多說幾遍可以改變習慣的傾向，使生活變得更加健康、自然。如果我們遇到任何事情都對自己的能力深信不疑，堅信自己可以從容應付各種情況，那麼我們就可以輕輕鬆鬆從從容容地度過生命的每一天。堅持從容的生活、理性的思考、勤懇的工作、適宜的話語可以讓我們遠離煩惱與晦氣，讓生活時來運轉。總是說自己事事不順心的人沒麻煩也能給自己製造出麻煩。如果我們腦子裡老是想著不順心的事情，做起事來就容易出差錯，因此就會有更多的不順心。事情出了差錯時我們應該立即想辦法補救，並從中吸取教訓，以提升自己。

16當你喜歡自己的時候，只要是健康合理的食物就都會喜歡。而你要是跟自己過不去，就不要期望食物會合你的胃口。說這也不合胃口那也不合胃口，是給身體機制灌輸不和諧的思想，只能使其行動不諧調，造成身體機制狀態紊亂。在這種情況下又怎麼能期望有個好胃口？沒有什麼比挑嘴的壞毛病更影響食欲了。如果你不喜歡吃某樣東西，就不要動它，不僅是嘴不動，思想上也不要去動它，離它遠遠的。不喜歡的東西僅遠離手邊是不夠的，還必須在思想上將它扔得遠遠的。

17要記住，我們談論的一切都會進入我們的思想，而一旦進入我們的思想就會對我們產生無與倫比的影響。因此，我們不僅言談一定要符合實情，而且要避免談論那些有害的話題。談論錯誤或低級的東西，無論看似多麼客觀公正，從來都是有害無益的。表面事實，即我們所謂的相對事實，也絕不能成為我們談論的內容，除非這樣做能帶來更高的價值，即使是這樣，也一定不要對談論的東西動任何感情。

18最重要的是，我們說的所有的話一定要都能夠產生建設性的作用。探尋生活中紛繁複雜的表像下最基礎最實在的真理，並將自己的所得用語言表達出來。至少有一點我們可以肯定，那就是這樣做肯定會讓你受益匪淺。

19在我們的日常談話中一定要注意運用話語的建設性原則。我們對別人說的話極有可能會進入別人的思想，並在很大程度上決定他們心理活動的傾向，而人是受思想支配的動物，話語對人的重要作用也就不言而喻了。

20思想對人而言具有非同尋常的影響力。什麼東西在我們的頭腦中出現的次數越多，其影響力就越大，人都會與自己反覆思考的東西產生相似之處。而思想的內容則很大程度上受我們談話的方式、性質與物件的影響。如果我們的言談導致思想開始向錯誤、平凡、不好的事物傾斜，或者使原本就存在的此類消極思想進一步加劇，就成了破壞性的話語。此類話語往往也容易使我們的思想專注於人性的弱點與缺陷。建設性話語應該是那些可以使人關注事物積極面的話語，使人無論在思想上還是在語言上都念念不忘自己的理想追求。一切話語都應以促進人思想的提升，激發人對自認巨大潛能的認識為目的。任何可能使自己想起自身弱點與缺陷的話語都是要避免的。同樣需要避開的還有那些可能給人帶來悲傷與痛苦、使人不舒服或情緒低落的話語。每一句話都應傳遞希望、鼓勵與陽光。

21反覆地提及一個人的錯事，會讓他更加痛切地意識到自己所犯下的錯，而他越想就越覺得自己犯的錯誤不可饒恕，越覺得事情嚴重，更添許多煩惱。我們越想自己的缺陷就越自卑，越沒自信；如果我們在言談中老是提及自己的缺陷，思想就老是繞著這個問題轉，總也擺脫不了。因此，我們在言談中永遠都不要涉及不愉快的話題。彌補自身缺陷的唯一途徑是發揮自己的優點、長處，要想解決問題，必須將全副注意力集中於自己的優點與長處上。要知道，如果我們總是翻來覆去地思考某事，所思所想達到一定的深度、廣度，就會在不知不覺間助長我們思考的物件。

22話語對兒童思想的訓練與發展具有特殊的價值，在很多情況下，甚至可能具有改變命運的作用。在訓練孩子健康發展的過程中應盡力引導其關注對自己成長有益的積極因素；而周圍人與孩子交流的內容與方式在很大程度上決定了孩子的注意力之所在。孩子一受到責備就想起自己犯的錯，每一次受到責備就等於多關注了錯誤一次，又一次助長了錯誤的力量。這樣一來，孩子的優點就變得越來越微不足道，而缺點則變得越來越突出。總是跟孩子說不許做這不許做那，不利於孩子性格與心理的健康發展。一般來說，越不允許做的事，他就越想做，而最終之所以沒有違背大人蠻橫的命令而克制了自己的欲望，也僅僅是因為懼怕父母的權威或者是想破腦袋、費盡心機也沒能如願，最後自己都煩了於是宣告放棄。

23越不讓幹的事就越想做，這是一種很自然的心理傾向。這種心理傾向的產生是因為禁止的命令往往使人產生懼怕的心理，而當人在恐懼或好奇的時候，是很難抗拒誘惑的。

24人在受到警告時，或者會產生恐懼心理，或者會產生好奇的心理，而不管是恐懼還是好奇，都會使人對被警告的內容產生深刻的印象，以至於被警告的內容反而吸引了我們全部的注意力，佔據了我們全部的思想。結果是，因為我們想得太多而沉浸其中不能自拔，也就是說，警告沒能使我們避開危險，反而促使我們主動向危險靠近。如果有人誤入歧途，警告其迷途知返絕不是明智之舉，而不管不問，任其一錯再錯，也不合適。正確的作法是想辦法轉移他的注意力，多陪他說說話，談一些有意義有價值的事情，讓他對好的事情感興趣。他會因此而忘記過去，忘掉曾經的愚蠢惡行惡欲，開始新生活，將全部精力轉移到自己新的興趣之所在。

25運用同樣的原理可以預防疾病與失敗。如果一心只想著健康，就不會再想到疾病，因而思想就得以積聚起全部的力量為保持健康而努力，哪怕原本已經開始出現疾病的跡象，也會在強大的精神力量面前銷聲匿跡。如果我們一心只想要取得更大的成就，什麼挫折、失敗早就拋到九霄雲外了，就會積聚起全部思想的力量為實現自己的目標而努力，每天都能有所進展，成功可能很快就在眼前了。

26要想使自己不去想錯誤、缺陷、不足等消極的內容，充分發揮話語的建設性作用一定可以取得令人滿意的效果；實際上，要想取得思想的進步與發展也只有這一個辦法。我們的話語必須與自己的理想、抱負、追求完全相統一，一切言語都應為實現自己某一特定的目標服務。

27按自己的理想去塑造朋友，打造出心中理想的朋友，是一種普遍的心理傾向。人經常會不自覺地指出朋友的缺點與錯誤，告訴他不應該這樣那樣的，以求使朋友變得盡善盡美。父母之於孩子也是如此，卻不知這樣做只會適得其反。除非孩子具有超強的意志、主見與個性，否則只能把孩子往相反的路上推。

28要想使自己的朋友與孩子如心目中理想，永遠都不要提到他們的缺點與錯誤。我們在言語中應該關注的是人的優點、長處及潛能，說出來的話應該能讓聽者產生自信，覺得自己也有了不起的地方，為自己感到驕傲，每一句話都應積極向上，鼓舞人心。我們應該多談談生活中有意義有價值的事，多談談自己的理想追求，至於人性的弱點之類的，則談得越少越好，最好提也不要提。

29與人聊天時，如果發現有人在談論破壞性的話語，應立即想辦法轉移話題，使其關注事物好的一面。事物總有其好的一面，看這好的一面要比看相反的面有用得多。生活中值得稱道的地方隨處可見，對其不懈的關注將使我們受益無窮。

★第十八章 想像力的偉大作用

1身體機制的各種力量必須有一個明確的目標與方向；也就是說必須有一個可以為之奮鬥的理想或者可以遵循的前進模式。

2這一模式的形成需要發揮想像力的作用，而且必須要建設性地發揮想像力的作用。我們透過想像為思想與個性的創造力提供一個可以遵循的活動模式。而恰恰是這些創造力的成果決定了我們能否有所成就，因此也就不難明白為什麼想像力是人體最重要的機能之一了。這也就是我們為什麼迫不及待地想學習如何根據思想的建構及發展原理來發揮想像力的作用。

3作為起點，先想像自己已經達到了自己想要的境界，做成了自己想做的事。這會為身體的各種能量提供一個模式，使其向著這個境界的你努力，為實現這樣的成就而奮鬥。在想像未來時，要想像成功以及更加美好的事物，不要對未來心存憂慮。如果心存憂慮，會為自身的能量提供一個以失敗與挫折為目標的模式，最終自然會造成失敗的後果。我們還要記住，如果想取得成功，身體的各個器官必須能夠正常運轉，而器官在憂慮、恐懼的狀態下是不可能正常運轉的；只有在必勝信念的不斷激勵下，身體機制各器官、各力量才能達到最近狀態，發揮最佳水準。

4要想鼓舞振奮我們身體各器官，使其長存必勝的信念，我們應該時不時地想像一下自己取得成功的情景。要在心理的各面牆上掛滿關於成功的畫面，讓內心的各種力量抬眼即可見到成功的景象，並將成功視為自己唯一的奮鬥目標。發揮想像的力量，想像自己已經達到了自己一心想達到的境界、成功做成了自己想要做的事時的情景，在心理的牆上掛起一幅幅這樣的畫面，激勵自己不遺餘力地奮鬥拼搏，時時提醒不忘自己的奮鬥目標。

5利用空閒時間多想像一些類似的圖景畫面並將其掛在心裡最顯眼的位置上是非常有用的，這樣，我們身體各器官、各力量就能隨時看到了。人的思想在時刻不停地運轉，總是在想著些什麼東西，人要是醒著而什麼都不想幾乎是不可能的，那為何不去想像那些可以激發鼓舞我們體內各力量的畫面情景，讓我們不斷進步，做得更好呢？

6為了幫助想像力勾勒出那些更加美好的畫面與情景，我們應該「將馬車套到星星上去」（這是英語中的一句諺語，本意是雖有雄心但無雄才，好高騖遠，不切實際，文中只取其字面意思）。雖然就目前科學技術條件而言，星星可能依舊是遙不可及，但是如果我們將馬車套在了這麼高位置的一個東西上，我們的思想也就插上了翅膀，開始騰空飛翔，不再是一條只能在土中蠕動的小蟲，而我們自己也會越升越高，不斷前進。

7只有想像才能讓思想乘風飛翔；只有想像才能讓思想變得更加開闊；只有想像才能讓思想不斷開拓創新。既然如此，想像力不用來為自己的利益服務實在是不明智的。

8在這一點上，下面幾點建議是非常有用的。

9首先，明確自己在各方面的需求，想要什麼樣的環境，什麼樣的工作、朋友……自己心中理想的這些東西一定要盡可能完美，這樣，一旦確定無論如何都不用再改變。將這些理想的目標深深地印在自己的腦海中，時時提醒自己，在精神上在思想上渴望早日實現這些理想。這是行動的第一步。

10第二步，想像自己生活在自己理想的環境中，並且每時每刻都想像自己是在這樣的環境中生活。閑來無事的時候不要去想那些無用的東西，人往往就是這麼愚蠢的，相反，想像自己生活在理想的環境中，過著自己理想的生活；朋友是理想的朋友，順著自己理想的方向盡情地想像，怎麼想都可以；如果還沒找到工作的話，想像自己已經有了一份理想的工作；如果有工作，則想像自己工作中一切順心順意，並且業績非凡。將思想的每一刻空閒都奉獻給自己的理想，為全身的力量樹立一個堅定而明確的奮鬥目標。

11心理的力量就像藝術家一樣，對著模特兒作畫。我們的想像就像模特兒，任何心理活動的產生都得益於我們想像中的畫面或模特兒的啟發與刺激。

12想像力決定著我們是尋常還是不同尋常，可以為我們提供劣質的發展模式，也可以為我們提供一個非常出色的發展模式，如果不引導想像力向著優秀、出色的方向發展，它就極有可能傾向於普通甚至流於粗劣。因此，我們在第二步就應該想像自己生活在理想的環境中，做著自己想做的事，過著自己理想的生活。

13這一步練習首先可以帶給自己極大的快樂，因為如果我們有了明確的理想，而想像中又實現了自己的理想，過上了自己理想的生活，自然會感到非常快樂。但是，快樂之餘，也會逐漸開始在思想上訓練自己為實現這些理想而努力。在我們思想觀念中最重要的也是我們思想精神的目標與方向。因此，我們應將自己的最高理想置於思想最顯要的位置，給以最多的關注，發揮精神思想的全部力量為這些理想的實現而奮鬥。

14第三步，充分發揮自己的欲望力、意志力以及科學思考力，簡而言之，發揮自己的各種力量，為實現心中美好的理想而奮鬥。要像古代希伯來人那樣，先做出預言，然後開始行動，讓預言成為現實。我們腦海中想像的關於自己未來的各種情景就是我們對未來的預言，如果我們每天都能發揮自己所有的力量，為實現這一預言而奮鬥，預言最終一定可以變成現實。

15想像力的建設性運用為我們身體機制的各種力量提供了一個可以參照的模式，讓我們體內的力量有了一個前進的目標與方向。簡而言之，這樣做改變了我們以往絕大部分的能量白白浪費，剩下的一小部分也不過隨著環境的啟發或自己散亂的思想而漫無目的地運動的情形，讓我們的能量為實現我們心中的理想服務。

16這是想像力的第一大功能，也正是這一功能一舉使想像力成為人類思想最偉大的機能之一。想像力的另一大功能是為思想提供特定的思考素材，讓我們時時都有東西可想，正是因為這樣，我們才能夠訓練自己只去想自己需要想的東西；也就是說，想像力的這一功能使我們能夠選擇自己思想的內容，可以想自己想想的東西；可以運用想像力這一功能的人就慢慢接近高人了。

17所謂思想高於常人是指思想在任何情況下都可以想自己想要想的東西而不受周圍環境的影響。能自我控制的人，可以運用自己的想像力，形成自己獨到的思想、觀念，有自己的欲望及理想；不能自我控制的人，則只能憑感官印象而得出一些觀點想法，因而要受外界環境的左右；而思想引導控制我們的行為，其重要性不言而喻。普通人沒有自己的思想，只會隨波逐流，看別人做什麼自己就想做什麼，從不考慮一下自己究竟想要什麼，怎麼做才對自己最好，因為這些人的思想一旦受外界影響就會產生強烈的模仿傾向。因此，易受外界影響的人容易形成虛假的欲望，這樣的欲望其實是誤導性的，並非自己的真正欲望。

18偉大的思想是實事求是的，絕不受外界的任何影響。欲望力是生命中最偉大的動力之一，因此，確保我們的欲望追求都是正常的，是符合自身利益的，就變得異常重要。但是，任何在外界影響下產生的欲望都不可能是正常的欲望，多多少少都有不正常的地方，容易使人迷失自我。

19很多人都迷失了自我，不能做自己想做的事，過自己想過的生活，無法實現自己的最大價值。他們處在一個非常不利的位置，只能從遠處遙望著自己理想的生活歎息不已。而造成這一切的罪魁禍首往往就是不正常的、虛假的欲望。這些人不考慮自己的實際需要而一味地模仿別人，任憑自己的思想受外來印象的左右，將別人的欲望拿來作為自己的欲望，以為這就是自己想要的，而沒有考慮到自己的實際情況，想想自己能做什麼。模仿別人的生活、習慣、行為甚至欲望帶來的後果就是不能過真正屬於自己的生活，也就是說，他們已經迷失了自己。

20而高人從來不會迷失了自我，因為他們不會隨波逐流，只做自己想做的事情。他們想做的一切都是通向真實而有價值的生活，一步一步逐漸接近自己的最終目標。

21普通人要想改變自己的觀點得先換換環境，或許自己換個環境，或許將周圍的環境做一下改變，才能使自己的思想感情發生變化。然而，高人則任何時候都可以隨心所欲地改變自己的思想，根本無需改變環境，因為他們的思想不受外界的影響。環境的改變對他們而言也絕不會引起思想的變化，除非是自己有意改變，就是做出改變也是因為確實有了自己新的想法、觀點和追求。

22這些人的祕密就在於可以靈活地運用自己的想像力。人如其所思，而人思想的形成又是以佔支配地位的心理畫面為依據的，不管這些畫面是來自外界的感官印象還是內在思考所得。如果人僅憑外在的印象就得出觀點、確定欲望需求，就會或多或少受環境的控制，一生也就只能聽憑命運擺布；但是，如果能夠結合外在的印象形成自己獨到的觀點看法，並將這一看法融入到自己新的心理畫面中去，就會成為環境的主人，因而也就掌握了自己的命運。

23任何映入眼簾的東西都會或多或少地在思想上留下烙印，只不過人敏感度不同，程度也會有所差別而已，這其中就包含了所見之物的性質，這一性質會在腦海中重現，而任何事物一旦進入思想就會或多或少地對整個身體機制產生影響。

24因此，易受外界影響的人，任何所見、所聞、所感之物都會對自己產生影響，在自己的思想與身體機制中形成類似的性質狀態。因而這樣的人就像自己生活世界的一面鏡子，其所思、所言、所行都是對周圍世界的反映，在外界的暗示下進行，沒有任何的自主性；這樣的人已經不是一個獨立自主的個體，而是一個「機器人」。

25任自己的思想受環境左右的人都多少有點像機器人，或多或少地要受命運的擺布。要想掌握自己的命運，我們不應一味受環境的支配，盲目地接受他人的思想與需求，而是要聰明地利用環境給我們的啟示，讓環境為自己服務。人總是處在各種各樣的環境中，任何事物都可能讓一個敏感的人有所思、有所感，而人多少都是有點兒敏感的。但是聽任自己受外界左右而不採取措施補救與訓練自己科學利用周圍環境給我們的啟示是有很大差別的。

26然而主張客觀啟示的作家卻不僅有意忽視這一差別，而且透過在書中宣揚啟示主宰一切，鼓勵人對外在客觀世界的敏感。如果啟示的確可以主宰一切，那麼我們希望可以學會如何利用環境的啟示，以便能使我們的思想逐漸擺脫其控制。所謂利用啟示，不是教人如何利用啟示來控制他人的思想，而是如何利用外界對自己的啟示來重塑自己的思想。客觀啟示是生命的一部分，因為任何事物都可以給人以啟示。啟示是一個客觀存在的因素，而且是一個必要的因素。我們的問題就是如何訓練自己去利用客觀世界帶給我們的啟示，而不是像大多數人那樣盲目地接受外界的支配。

27要解決這一問題，首先，除非自己願意，否則絕不允許任何感官感知的事物在腦海中出現。對自己的所見、所聞、所感要形成自己獨立的觀點看法，而不能僅僅滿足於事物帶給我們的直覺。見到邪惡，不要馬上形成「這是邪惡的」的觀點；不要去想邪惡之邪惡，而要試著去瞭解邪惡背後的力量—力量本身並沒有錯，用錯了地方才造成了邪惡。瞭解了邪惡背後力量的性質，就不至於再形成一些可怕的思想，因此也就不會因為這次不愉快的經歷而給自己帶來任何負面影響。與此同時，將會對這次經歷產生自己獨到的見解，距離思想上的高人又接近了一步。

28大千世界，紛繁複雜，有些可以使人精神煥發，鬥志昂揚，有些則令人心灰意冷，意志消沉。我們應近前者，而遠後者。但即使是前者也沒有權利來決定我們的思想，思想應該永遠高於環境帶給我們的啟示。積極的環境催人向上，應該利用起來，讓我們的思想站得更高、更遠。

29要想做一個高人，必須讓自己的思想永遠高於環境帶給我們的啟示，無論環境有多完美。透過感官進入我們腦海中的一切都必須經過再加工，為我們的思想服務，這樣，直覺產生的原始印象就不會控制我們的思想，而是給我們以啟迪，幫助我們形成新觀點、新見解。

30所謂直覺印象的再加工就是要對其本質從各方面進行透徹探析，分析其可能的活動、傾向、潛力及缺陷。發揮自己的想像，明確自己究竟想要什麼，明確自己的理想與追求，然後在腦海中不斷描繪自己理想的畫面，這有助於增強我們控制自己思想的能力，而誰能控制自己的思想，誰就可以最終實現自己的理想。

31普通的人不能實現自己的理想，最主要的原因就是沒有學會如何控制自己的思想，太容易受周圍世界的影響，一味地模仿別人，把別人的追求當作自己的追求，受外界的誤導而迷失了自己。

32如果我們的思想為周圍的人、物、環境所左右，就不是一個獨立思考的人，就不能有自己的思想。我們所謂的追求也其實不過是別人的追求。見到這個想這個，見到那個想那個，思想就沒了重心，開始飄來飄去，完全偏離了我們的初衷，不能想自己應該想的東西。一一回應外界的召喚，任思想隨外物遊蕩，會逐漸變得思緒不定，不能集中精神按自己的意願進行思考。這件事還沒開始認真思考呢，又想起了那件事，那件事還沒完呢，又想起了別的，如此一來，最終只能一事無成。

33要想成為一個高人，必須能按自己的意志進行思考而不受外界影響，而且能一直沿著自己的思路思考下去，直到思考完畢。追求自己想要的東西，將自己的決心銘刻於心，不管別人追求什麼，只執著於自己的追求，用全部的力量為實現自己的理想而奮鬥。一旦確定了自己追求的正是自己想要的東西，就要下定決心堅持到底。

34大千世界，紛繁複雜，其中又藏著多少的誘惑，要將外界的各種誘惑一一進行轉化，使其與我們的理想追求相一致，使我們追求到底的決心更加堅定。面對紛繁複雜的世界，絕不能閉上眼睛，將一切拒之門外，相反，要睜大眼睛，認真地審視周圍的世界，絕不放過任何有價值的東西，充分吸收利用外界帶給我們的啟示，逐漸形成自己獨立的思想體系。不斷增強自己控制思想的能力，讓思想為自己服務。如此一來，就可以逐漸成為一位高人了。

★第十九章 激發你的無限能量

1人性化並不意味著軟弱。「要人性化一點」意思是發揮出人們身體中的潛力，而這種潛力的力量其實是非常驚人的。

2而內心的力量是我們關於人類的系統瞭解最少的一部分，僅管這也許看起來有些不太合乎自然和不合時宜。而人類所有的進步其實都取決於這種力量。起初我們會學到最簡單和價值最小的事物。之後，我們漸漸開始接觸到重要的東西。我們最終會發現最為強大的力量往往隱藏得最深，因此也就可以被稱之為潛力，它是更完善的力量，更高的力量。

3每個人都有著自己的潛能。我們發現自然界中最強大的力量都是超越理解範疇的。電力就是一個例證。而自然中沒有比電力更強的力量，或者說沒有人能確定電力到底是什麼力量。同樣，越是強大的力量，越是難以理解。在人類的範圍中，其實存在著很多不為人知的力量；我們不理解它們真實的本性，但是卻能看到它們的功用，看到這些力量能夠在生活中發揮多大的作用；其實我們無時無刻不在和這種力量打交道。

4而這種心靈的力量也許被定義為無意識的心理領域，而當我們瞭解一些關於無意識心理的知識之後，就會漸漸理解這座冰山的巨大和潛力。平時我們日常的意識不過是人類意識冰山的海面一角而已，而人類意識的大部分其實潛藏在潛意識之中。所有的現代心理學家都探索過這片領域，得出了這個結論，如果一個人能夠抽出時間回想一下自己的親身經歷，也會證明這個道理。

5在人類思考的意識領域，我們能發現在我們意識完全清醒時期的那些舉動，它們的重要性遠遠比不上我們潛意識驅動下的那些行動，儘管我們的有意識舉動引發了無意識行動。然而我們的無意識行動奠定了我們的天性，我們的能力，以及我們的命運。在我們清醒階段，我們繼續自己有意識的行動和思想，但是這些行動和思想都影響著你潛在的無意識領域。

6意識到無意識領域的存在，就能意識到我們決定自己行動的力量，可以召喚出我們時常感到自己強大有力的想法，我們越是重視這個事實，我們生命的潛能就會爆發得越多。

7為了解釋一下無意識領域和你內心力量的重要性，我們就用愛的力量來舉例。人們既不明白這種力量的天性，也不懂得探索這種力量的本源；無論如何，這是人類生命中極其重要的力量。它的行動往往不是很明顯，因此，我們也不知道這這些行動的根源所在，不過我們卻瞭解如何對這些力量因勢利導；只要我們利用好這種力量，就會利人利己。其他我們身邊的力量也是如此。它們遠比人類的意識作用更大，但卻難以理解，但是只要我們清楚如何控制這些力量，將其運用到好的方面，這樣就會使我們獲益匪淺。

8比如無意識的心理世界，儘管難以被科學地解釋，但是卻可以從人的行為中看出端倪，因此我們就可以控制和指導這些行為。當我們分析隨時隨地無意識的作用時，我們發現之前的經驗告訴我們，在特定的情況下，無意識造成的結果也是固定的。這是對無意識領域的一大發現，要證明這一點並不是多麼困難。

9很多情況下思考表面的意識，渴望、感覺和愛好並不是我們清醒時的產物，它們來源於一些無意識的根源，不過當我們仔細審視這些意識，就會發現它們和我們現實生活中的行動有著清晰的對應和聯繫，久而久之它們就進入了我們的潛意識。在潛意識的世界中，它們就像會自然而然地活動，不久之後，相對應的反應又會浮現到我們意識的表層。

10意識和無意識之間的對應關係可以用一個簡單的物理運動來解釋。如果一個運動從一個特定的點開始，那麼就會造成一種循環的趨勢，最終會回到那個開始的點上。意識的運動也是如此。有意識的運動潛入了巨大的無意識世界，並且獲得了一種運動的動力，所有的心理活動都具有這樣的動力，因此這種運動最終會回到原點，但是是帶著無意識的心理經驗回來的，這樣才是完整的意識之旅。

11為了深入地探討這個問題，就要仔細分析這個心理過程的每一個有趣的階段，而這個問題在實際生活中的作用也非常發人深思。不過，要想說清楚這個問題，大概要寫一本非常非常厚的書才行。所以我們這裡只簡單地涉及一下這個問題的實際層面，盡量簡潔地勾勒出它的線條，讓讀者們能夠控制自己的無意識心理。

12每種你清醒時的心理過程或是心理活動，如果程度足夠強烈，就會進入你的無意識中，它在你的無意識中逐漸演變成你的自然天性或是習慣，然後又返回到你的意識層面。從這裡我們可以看到性格構建和培養能力的祕密。你清醒時改進你的性格和能力所做的一切行動，如果是真誠發自肺腑的，就能進入你的無意識。在你的無意識中發展完善之後，就會返回你的意識層面，構成你性格的一部分。

13然而很多人努力改善自己卻一無所獲，因此而感到非常沮喪。他們忘記了在播種和收穫之間會有一段時間的間隔。他在意識層面做出的努力就是播種，當那些行為沉入自己的無意識，然後再返回意識層面時，往往需要幾星期或是幾個月的時間，那時收穫的季節才會到來。有很多次，當一個人放棄了自己的努力一段時間之後，忽然會發現自己努力的成果開始降臨到自己的身上，這證明自己的努力並不會白費。我們都有過相似的經歷，如果我們仔細分析這些經驗，就會發現每種強烈的意識最終都會進入你的無意識，然後修成正果。

14有很多次我們思考中的意識並沒有在一段時間之後返回，但是我們的確對這些意識有著強烈的渴望，因此儘管我們的心靈沒有立刻發展這些意識，但是最終這些意識會得到完善並且返回我們的意識表層。事實就是，這個心理過程絕對不會漏過每一個有價值的意識。如果我們要預先準備幾個月後的一件事，那麼現在我們就要給意識發出確切的指令，這樣這些指令就會轉化到無意識的層面。逐漸你在無意識之中也會開始計畫和思考未來的這件工作。要想從頭細說這個心理過程也許非常有趣，但是這需要一本更厚的書才行。不過，如果我們練習著將我們最好的想法，點子或希望付諸行動，那麼就會給無意識領域最好的加工材料，很快當無意識完成它的作品時，這些意識會對我們大有助益。

15一些偉大的書籍都是作家經歷幾個月的無意識心理過程最後完成的；發明創造、戲劇作品、音樂、商業計畫以及一切重要的事情都是這樣產生的。在特定環境中產生的每個點子，每種思考、感情、渴望、心理活動，都會在無意識的領域產生相應的影響，隨後這種影響又會返回意識的層面。當我們意識到這一點時，就會意識到無意識世界的巨大潛力，我們可以預想到用良好的行動和意願去當無意識的加工材料，讓無意識心理幫助我們。只要你每時每刻給無意識的土壤中播種，最終它會回報給你豐厚的果實。

16這樣一來我們就可以明白，如何透過這種種瓜得瓜種豆得豆的方式來完善我們的性格，最終使得我們的性格變得更加堅強，我們的能力變得更加全面。為了指揮無意識發揮作用，就必須運用這個心理系統中的更高力量，這些力量決定著這些心理過程如何運作。其實，這些力量並沒有多麼難以運用，只要我們能夠留意自己感受的方式。我們自己感受的方式決定了我們能夠如何利用自己的潛能，其實我們每時每刻都會感受到自己身體中湧動的潛力。這些力量都被我們的感覺所控制著。努力去感受你在有意無意之間的願望，隨後付諸行動。這些力量就會作用於你的無意識，創造出你滿意的結果。

17無論何時你想要操控這些完善的力量，你就必須用那些力量的方式去感受。解釋一下，我們假設你的心理世界中存在著特定的情緒。為了讓這些情緒化為你生活和行動的助力，你就得首先去體驗這些情感。這些情感往往帶有強烈的力量，但是大部分情感仍然不受我們的控制，這種情感的宣洩浪費了我們的潛力，長此以往我們的力量就會變得衰弱。許多人擁有強烈的情感，卻被情感所驅使，因此變得虛弱不堪。另一方面，如果能夠對自己情感操控自如，就會增強我們身體和思想的力量。

18這裡提供一個聯繫方法。無論何時你的感受不受自己操控，就開始努力思考你最想達成的願望。如果你能把自己的思想完全投入到這個新的方向上，你很快就會發現自己那些不受控制的想法逐漸消失了。每個人都應該鍛鍊自己的感受方式，如果他能保持一直意志堅定，目標明確，那些令人難受的想法就不會再出現。透過這種練習方式，他能夠逐漸控制自己的感受，並且把自己的感受保持在自己期望的方式上，無論身邊的環境是什麼樣的。不僅控制自己的情感會賦予他新的力量，而且他還會發現保持快樂的奧祕。只要心理能量順著一個正確的方向運動，對人完全是有百利而無一害的。這樣我們就會意識到指揮自己的心理對自己的性格和人生有著多麼大的作用。

19在構建我們性格的過程中，我們會發現這個過程的結果是具有累積性的，我們對改善我們的生活做出了努力，這樣也產生出了一個無意識的進程，之後這種進程會給予我們性格更多力量。而這樣的過程會促使我們去製造出更多無意識的進程來改善我們的性格和生活。這種行動的結果會讓我們的人格品質更加健全和優秀，而這個過程永遠也沒有止境。

20在思考的構建上也有著相似的原理。你為改善自己的思考出力越多，你的心理力量就會創造出越偉大的思考；但是這種過程同樣也離不開無意識的作用。很多人在這個問題上無功而返的主要原因就在於他們的努力和渴望還沒有有力到能夠創造出無意識的地步。

21為了說明一下，我舉一個例子，這就好比你在滿是石塊的地面上播種，如果種子沒有落到肥沃的土壤中是不會生根發芽的。也許你一直期盼能夠改進自我，但是如果你的願望虛弱無力而且膚淺，它們就無法進入到無意識的領域無論你具有多麼美好的願望，如果這種願望無法進入你的無意識，那麼也就不會產生任何美好的結果。關於性格的養成，我們必須牢記，性格決定著一個人的生活和行動的方式。如果你的性格健全有力，那麼你做任何事都會事半功倍，相反如果你的性格軟弱無力，那麼你做出的大部分努力都是白費。這個道理不僅可以運用在道德領域，在心理的層面也是如此。如果性格軟弱，無論你多麼竭盡全力，一切也都是無用功。這解釋了為什麼很多人辛苦一生也無法夢想成真。原因就在於他們不注意自己性格的構建，因而他們付出的努力從一開始就用錯了方向，最終付之東流。無論我們的理想是什麼，我們實現自己理想的欲望多麼強烈，首先都要從改善自己的性格著手；儘管我們也許能夠做出自己最大的努力，但是如果我們的性格不健全，那麼一切努力都將付之東流。性格賦予人們力量的方向，人們要想不斷進取，首先就要具備一個堅定堅強和完善的性格，這樣才能不管身處什麼環境，都能全心全意地達成自己的目標。

22這種可以被稱之為人類潛力的力量自始至終在我們最高級的意識領域中發揮著作用，這種力量可以使人們與眾不同，脫離平庸，但是要想獲得這個力量絕對不是一個一步登天的過程。任何有價值的人都有過利用這種最高級意識的領域的經驗，實際上，要想不將自己的層次提升到這個領域就改變自己平凡的人生，這是不可能的。

23人們總是會受到「不腳踏實地」的批評，不過有時候人們是需要一些平凡生活之上的遠大目標。人類生命中最為強大的力量存在於我們的平凡生活之中，但是你需要站在一定的高度上才能提煉出它們。一個人只要在經歷了真正崇高的情感洗練之後才能寫出音樂和詩歌。只有超越了平凡，人們才能提升自己的思想層次，當一個人的思考時常能夠接觸到崇高的邊緣時，他才會與眾不同。

24看看那些有思想，有內涵，出類拔萃，位高權重的人們，我們都可以在他們的身上發現一個共同的地方，就是他們具有崇高的意識品質。當我們到達了那個層次，我們的思考和心理都會得到完善，進而超出普通人的水準。因而只要你理解了這種在崇高意識下的經驗，毫無疑問你會變得更加出色。

25當我們將某人看作一個真正的人時，我們就會發現他的人格中有些與眾不同之處；這些獨特的地方潛藏在每個人的人格之中。這代表人們潛藏的力量，當你運用自己的這種潛力時，就會感覺到這種力量的強大，不管是性格、能力還是生命方面上的。真正的人就是從這種崇高意識中產生出來的；他們可以接觸到自己思考的更高層面，提升自己思想和人格的品質；這是每個人內在潛藏的力量，我們能看到利用好這種力量的重要性。

26無論何時我們接觸到自己思考的高級層次，都會感到我們獲得了一些超越性道德體驗，我們之前從沒有感受到的靈光一閃；這種靈光一閃會使得我們的生命更加豐富多彩。我們利用這種方式來超越平庸的日常生活。如果我們能夠將自己的感受提升一個層次，那麼我們就可以注意到生活中的那些更高的力量，去接觸自己意識中的崇高領域；實際上，我們必須這麼做，因為我們不滿意原地踏步，更加不會滿足於現狀。我們必須在自己的頭腦裡立下一個目標—發掘出我們所有的潛力，我們不僅要把握自己外在的意識，更要提升自己的意識來控制和指導自己的力量。

27為了運用人巨大的潛力，心理領域的作用值得被再次考慮。當思考運用在意識表面時，我們對生命中的高級元素幾乎沒有控制，但是當思考進入深層意識—也就是心理領域時，就可以接觸到更深層次的力量。心理領域幾乎決定著人類生命裡的每一次事件，不管是他內在心理的事件還是外在的命運遭遇。如果要想將自己的命運掌握在自己手中，我們必須理解心理。

28心理領域可以定義為貫穿整個人格的潛意識行動。心理學是一個完善的領域，影響著人們日常生活的各個層面，當我們進入這一領域，就會感到一切都很熟悉和親切。心理學決定著真正的價值和成就所在，在我們的日常生活中可以證明這一點。一個個性健全的人，他的天性一定是深邃的。一個和善或是有文化的人也是如此；他們的性格具有深度和內涵；而一個人的性格正是他的力量來源。你的生活中有些深層次的層面存在，這些層面就是心理領域。

29這些情感和感覺中蘊含著許多種重要的力量，其中最有價值的就是積極性的力量。一般的思考認為，過分的積極性會導致不受控制，但如果你能夠合理地導向自己的積極性，就會將其轉化為非常有建設性的力量。當你對某些事物充滿熱情時，你就挖掘出了自己以前從沒有意識到的一些潛力。如果運用好你的積極性和熱情，將你的積極性集中於那些激發你熱情的事物上，就會實現你自己以前不敢想像的目標。當你精力集中，意志堅定時，思考就會開發出你之前忽視的巨大潛力。思考的下一步行動就是更新和擴大你的思考，讓它能夠產生出新的潛力。這會更加激發你的熱情和積極性，促進你的思考百尺竿頭更進一步。此時又需要更加新穎開闊的思想來匹配新的可能性，形成了一個良性循環的過程。

30我們因此認識到人的熱情如果集中在熱情的本源上，不但不斷激發出新的熱情，而且會不斷促進自己的思考，讓其發展得越來越完善，這樣就會聚集足夠的力量來實現你身上的可能性。從這個角度講，我們必須要記住我們之所以能夠不斷成長和發展，是因為我們能夠做到除舊佈新。發展我們新的生命，新的思考，新的意識，要想做到這些就必須在創新意識上下足工夫，我們知道這一點的重要性，它不僅給予我們創新的激情，而且確定了我們創新的目標。只要這種熱情朝著正確的方向運動，就一定會有好的結果。

31與熱情並列的兩種心理力量，分別是判斷力和感恩心。無論何時你意識到了某件事物真正的品質所在，你就會開始在心裡培養這種品質。當我們欣賞一個人的價值時，這種價值和品質也在我們自己的心中扎下了根，進而提高我們自身的素質。在我們欣賞自身的價值時這個道理也是如此。如果我們認識到了真實的自己，就會變得更加有進取心，我們就會把自己的目光投注在那些更加高遠的目標之上，開始一步一步向那些目標攀登。這樣我們就會意識到，為什麼那些不懂得欣賞自身的人們會一事無成，為什麼他們做每件事的結果都會失敗。

32當我們能夠發現萬事萬物的價值時，我們也喚醒了我們更高層次的價值觀。我們思想因而變得更加美麗。我們欣賞的那些意志品質，都會漸漸在我們心中生長，給於我們巨大的幫助，只要我們能夠集中精力在那些我們欣賞的品質上。這樣我們就明白了為什麼我們羨慕他人良好的品質，其實也就是對自己的培養。

33無論何時你對某事物懷有感激，你就會自然而然地貼近那件事物。一個不知感恩的人總是會覺得自己和那些美好的事物間存在巨大的隔閡。實際上這種隔閡就是你的不知感恩的心理。一個能夠對萬事萬物感恩的人，就能夠接觸到那些最為美好的事物；我們知道那些知道感恩的人們會從各個角落都得到美好的祝福。有時候我們會事與願違，而感到十分沮喪，但是我們如果懷有一顆感恩的心，就能減輕失望的情緒。沒有人會對一直怨聲載道的人抱有同情。從另一個角度來說，如果你真的具有一顆感恩的心，那麼無論何時何地，無論你遇見什麼樣的人，最好的祝福都會伴隨著你。然而這條法則最為重要的一點就是，你對自己擁有的一切越是知足感激，你就會越接近生命中的潛力，從而心想事成。

34渴望也是這些心理力量之一。沒有人都應該懷有強烈的渴望，渴望最好的生命。渴望能夠提升你的心靈，讓你的心靈和行動的力量相結合，當心靈在行動的領域發現自身時，就會煥發出巨大的潛力。我們都知道只要我們還停留在低層次的生命形式上，就無法做到這一點；只有當我們進入生命的較高層次之後，才會開始積蓄自己的靈感和力量來達到更高層次的目標。

35野心也是如此。野心不僅提升你的心靈到更高的領域，而且還會培養你行動的能力。如果我們對做成某件事野心勃勃，這種野心就會將能力貫注進我們體內。來解釋一下，如果你有在商界稱霸的野心，這種野心非常強烈，就會不斷提升你的商業才能，最終達成你的目標。野心是沒有止境的，只有透過不斷野心勃勃的企圖才能滿足你整個生命和靈魂的渴望。

36當我們知道野心的力量，知道每個人都會野心勃勃時，我們就意識到每個人都能夢想成真。不管他身處什麼地位，只要借助野心的力量，他的前途都會無可限量。然而平庸的思考幾乎沒有什麼野心，也不會努力激發自己的野心；但是我們知道，當這種力量被完全激發出來時，生活翻天覆地的改變一定會到來。

37理想的力量也應該被我們關注。當你有自己的理想，並且每時每刻都為這個理想而奮鬥時，你就握住了無限的力量泉源，這種力量會貫注在你的每個行動，每種能力之中，特別是和那些實現你的理想有關的能力和品質。

38理想應該是你腦海中最美好的畫面。要每時每刻都對自己的理想心存敬意。不要有一刻忽視它。我們都知道，只有全身心去追求自己的理想，最終才能實現它。這些到達頂峰的人們成功的原因很好解釋。集中精力，把你的全部生命投入到對理想的追求中去，這樣你就會不斷發掘出自己內在的潛力—這些力量可以成就你傑出的能力，傑出的天賦，甚至天才—可以集中你自己所有的力量，成就屬於你的奇蹟。

39當你的心靈堅持某一個理想時，所有的力量都會彙集在你的身上，幫助你實現自己的目標。當我們得到這些力量的支持之後，我們就可以達到任何自己的目標。

40和理想相聯繫的還有幻想和夢想。一個沒有幻想的人只是一個平庸之輩，他們永遠不可能超越平凡。夢想和幻想將我們的思想提升到崇高的領域，讓我們感到世界上還有一些美好的東西值得去奮鬥，當這個美好的願望激發出我們的熱情時，我們不僅能夠實現自己的願望，而且會激發出我們內在的潛力。「一個缺乏幻想的國家必將滅亡。」這個道理我們聽過很多次了，我們知道其中的原因；不過這個道理在人身上也同樣適用。如果一個人缺乏幻想，他一定會每況愈下，但是如果他擁有幻想，他能夠營造出完美的未來圖景，並且一直堅持為實現它而奮鬥，他一定會上升到那個層次，變成一個更加出色的人，那些看似不可能的夢想也會在一定的時候變成現實。

41愛的力量非常突出，原因就在於愛能夠牢牢吸引人所有的精力，讓這些力量集中在理想，美好和完美的目標上。當你愛上某人時，你會看不見他們的缺點。你的整個注意力都集中在那些好的方面上，就像前面說的一樣，當我們欣賞別人優秀的品質時，我們實際也在自己身上發展這些品質。愛的力量總是可以將你引向更高層次的思想、性格和生命。這樣，我們就應該盡自己的努力去愛，愛那些生命中最為理想完美的人和事。

42我們都看過一個男人愛上一個理想的女人，那個女人就是他的夢想，這樣他性格和人格上都得到了完善。當一個女人遇見了自己的意中人時，她也會變得更加光彩照人。她體內的美麗經過這種方式被煥發出來，我們幾乎都很難相信她就是原來那個人。真愛的力量持久而有力，會改善人們生活的每一個方面，這也是人類天性中最高級的力量之一，我們都理解其中的原因所在。我們不需要更多的評論，就可以得到我們應該如何利用這種力量的結論。

43我們要提到的這些高級潛能的最後一種，也許是最為有力的一種，就是信仰；但是我們一定要記住，如果我們希望利用這種力量，忠實的信仰不代表信條或是任何規則體系；它是一種心理活動——一種在我們懷著信仰去做任何舉動時的心理活動。當你對自己懷有信仰的時候，這種力量就會滲透進你的全身，喚醒你身上的一切力量。當你對某種能力抱有信仰時情況也是如此。信仰的力量會滲透進事物的精神中，讓它和你合為一體。信仰的力量也在於它可以產生完美的全神貫注。無論何時你虔誠地相信一個特定的方向，這時你就會使得你心靈中的全部力量為你的這個目標服務。人類身體中再也沒有比這更加巨大的力量了，信仰可以喚醒你身體裡全部的能量，現在我們認識到信仰是多麼重要和有力了。

44信仰會帶給你最高的感受力，但這並不是它唯一的作用。你對自己越忠誠，別人也會對你抱有更多的信心。如果你連自己都不相信，那麼又怎麼能讓別人相信你呢？只有對自己抱有自信，別人才會信任你。當別人信任你時，你就可以做到以前想也不敢想的事情。

45當一個人對自己極度忠誠時，打個比方，他就像一根導線那樣。無論身處何時何地，他身上都會帶有無窮的能量。這樣的人可以在競爭中處於不敗之地，他們才是做大事的人，可以贏得我們衷心的尊敬。同時他們還可以激發出他人的潛力，讓身邊的人不斷提高，這些人給競爭增添了額外的價值。我們都對信仰忠誠的價值心知肚明。我們知道這是人類最高級的力量之一，因而我們也意識到讓我們對萬事萬物抱有虔誠的信仰態度是一件多麼重要的事。

★第二十章 人類的最高力量

1這是現代心理學的一個結論，人類身體裡的潛力是無窮無盡的。這個結論建立在兩個事實的基礎上。首先，人類的天性不受任何的限制其次，人類的一切天性都蘊含著不斷完善的潛力。這兩個事實的發現讓人類對自己有了新的認識，這個認識可以運用在整個人類的領域。要讓這種認識轉化為人類的力量，就要首先考慮觀念對人類的巨大推動作用。

2每個人的人生目標，不僅僅是追逐眼前的目標，而且要不斷發掘完善自身的力量。自身的潛力才是最高的力量，因為這種力量為其他力量提供了表現的方式。這是一種可以開啟力量泉源的力量。透過人類的思想和行動，可以把握住這種力量。平凡的人們庸庸碌碌的原因就在於他們沒有努力去探究自己真實的生命存在。也許他們做了一些表面功夫，但是對自己潛在的巨大力量仍然一無所知。這些力量因為沒有對人生產生作用，就這樣被浪費了，直到有人開始發現並且完善這種力量，它才會從沉睡中甦醒。

3失敗的主要原因在於人們普遍存在的膚淺認識，以及偉大的潛力可望而不可及的原因也正在於此。當心靈發現了自身力量的泉源，還有自身可以獲得更高層次的發展時，對失敗的恐懼就會煙消雲散了。代之以能夠達成一切目標的自信。無論環境如何惡劣，但是這樣的心靈知道一切都會獲得轉機，束縛一個人發展的限制也會逐漸消失，自己最為強烈的願望一定會實現。這種心靈可以洞悉生命深處的奧祕，它可以讓人們看到自己可以達到的高度，從而發掘出自身的潛力，隨著對自己進一步的認識，無限的可能性會在自己面前不斷展開。

4當人們能夠看穿自己生命的表面時，他生命深處的奧祕就會開始顯現，因為無論我們意識到了什麼，我們都會努力將自己的所見表現出來，而我們生命的奧祕蘊含著巨大的潛力，也會伴隨著我們對它的發現而將力量注入我們體內，那個時候我們就可以實現自己以前難以企及的夢想。

5人們表面的生活以外，還蘊含著深刻的奧祕，這個思想應該作為我們每個人的信條，只有當我們堅信一種思想時，這種思想才會轉化為我們行動的力量。我們生活、工作的每個時刻都要堅信「我具有更大的潛力」，長此以往我們的自身會變得越來越完善，會擁有更加優秀的才能。

6當普通人失敗時，他會怨天尤人，抱怨自己受到不公正的待遇。他因而變得隨遇而安，放棄了自己的夢想。但是如果他知道自己的身上具有更多潛力，他就不會那麼輕言放棄了。他會堅持奮鬥下去，最終從失敗的地方重新站起來。很顯然人們應該認識到自己的潛力—他在遇到困難時絕對不該放棄，最終他一定會成功的。

7一個人的潛力從外表上是看不出來的。他從來不相信世界上有什麼做不成的事情。他知道這些只因為他瞭解自己身體裡的潛力。在這種信心的支持下，他做什麼都會無往不利，因為力量就在他的心中，這股力量存在於我們每個人的心中。

8生活、思考和工作時都要記住你具有無與倫比的潛力，這股潛力是如此強烈以至於不存在什麼界限能夠束縛它，讓你的心靈漸漸觸碰這股力量，逐漸你就能駕馭它。心靈會開啟這扇通向人類財富和力量的大門。因為心靈可以和這股存在它之中的力量產生感應，現代心理學發現這股力量是無限的，具有無窮的可能性。

9人類是一個奇妙的生物—人類具有的最偉大的力量就是他們能夠認識到自身的偉大。這就是我們認識自身，發展自身的法則。因此認識到我們蘊含在心靈深處的力量，並且努力摧毀這種力量的束縛，對我們而言是一件非常有益的事情。

10在日常生活中，這種思考方式也有著相同的效果，就像一個帶電的導線將電子傳導到任何它接觸的物體上。內在的偉大力量就是這樣一根導線；當心靈接觸到它時，就會變得活力四射，把「我具有無限的潛力」當作生活和工作的信條，就是讓心靈和內在的偉大力量相接觸—它的作用不可估量。

11只有持之以恆地堅持這種認識，我們才能從深層的生命中汲取力量，因為意識就是外在生命和內在力量之間的那扇門，我們只有用我們的意識去打開這扇門。

12普通人資質平庸，軟弱無力的主要原因就在於他們沒有意識到自身的潛力；他們沒有意識到自己具有深層次的生命，也沒有努力去探尋自己潛在的可能性。

13平庸的人只在生命的表面生活。他認為這表面就是自己的全部，因而也不會去追求自己內在無限的偉大潛力。他浪費了自身的潛力—這種力量自始至終都存在在他身上；他一直沒有打開那道門。

14這是真實的，我們理解凡人們脆弱的原因—他們軟弱是因為他們選擇了軟弱，當他們開始選擇偉大時，他們就會逐漸走上自己選擇的道路。

15我們都必須承認人類身上具有比平凡更多的潛力。我們也許會在力量的大小上有分歧，但是我們都贊成這種潛力應該得到發展和運用。原地踏步、固步自封無論對於個人還是民族來說都是錯誤的舉動，特別是當我們能夠做得更好時。我們應該向更高、更快、更強挑戰。我們能夠做到。

國家圖書館出版品預行編目(CIP)資料

喚醒的力量 ： 人類不能被浮華的表象蒙蔽心靈的智慧 / 克里斯汀．拉爾森 (Christian Larsson) 原著 ; 李津譯 . -- 初版 . -- 臺北市 : 華志文化 , 2019.02
面 ; 公分 . -- (全方位心理叢書 ; 33)
譯自 : The master in mountain cave
ISBN 978-986-96357-8-3(平裝)
1. 自我實現 2. 成功法
177.2 107022942

華志文化事業有限公司
系列／全方位心理叢書33
書名／喚醒的力量：人類不能被浮華的表象蒙蔽心靈
The master in mountain cave
書號／C333

作　　者　克里斯汀•拉爾森（美）（Christian Larsson）
執行編輯　簡煜哲
美術編輯　楊雅婷
封面設計　王志強
文字校對　陳欣欣
企劃執行　張淑芬
總 編 輯　黃志中
社　　長　楊凱翔
出 版 者　華志文化事業有限公司
電子信箱　huachihbook@yahoo.com.tw
地　　址　116 台北市文山區興隆路四段九十六巷三弄六號四樓
電　　話　0937075060

總經銷商　旭昇圖書有限公司
地　　址　235 新北市中和區中山路二段三五二號二樓
電　　話　02-22451480
傳　　真　02-22451479
郵政劃撥　戶名：旭昇圖書有限公司（帳號：12935041）

出版日期　西元二〇一九年二月初版第一刷

華志文化